D1629387

Oldenbourg
Textnavigator für Schüler

Herausgegeben von
Dieter Wrobel

Johann Wolfgang Goethe

Faust I

Inhaltsangabe, Analyse des Textes
und Abiturvorbereitung

Verfasst von Ulrich Winter

Oldenbourg

Die Versangaben in Klammern beziehen sich auf folgende
Ausgabe: Johann Wolfgang Goethe, Faust I. Oldenbourg
Textausgaben München: Oldenbourg Schulbuchverlag 2008

Bibliografische Information der Deutschen Nationalbibliothek:
Die Deutsche Nationalbibliothek verzeichnet diese Publikation
in der Deutschen Nationalbibliografie; detaillierte bibliografische
Daten sind im Internet über http://dnb.ddb.de abrufbar.

Das Papier ist aus chlorfrei gebleichtem Zellstoff hergestellt,
ist säurefrei und recyclingfähig.

1. Auflage 2008
Druck 12 11 10 09 08
Die letzte Zahl bezeichnet das Jahr des Drucks.

Umschlagkonzept und -bild: Erasmi + Stein, München
Layoutentwurf: Almut Jegodtka
Lektorat: Ruth Bornefeld
Herstellung: Ulrike Seeliger
Satz: fidus Publikations-Service, Augsburg
Gesamtherstellung: Himmer AG, Augsburg

ISBN 978-3-486-00607-0
ISBN 978-3-637-00607-2 (ab 1.1.2009)

150 Jahre
Wissen für die Zukunft
Oldenbourg Verlag

Inhaltsverzeichnis

1 Der Autor Johann Wolfgang Goethe

Johann Wolfgang Goethe gehört nicht nur zu den wichtigsten deutschen Schriftstellern, sondern zu den größten Autoren der Weltliteratur überhaupt. Er wurde 82 Jahre alt.

Goethes vermögende Eltern – der strenge Johann Caspar und die großzügige Catharina Elisabeth – ermöglichten ihrem Sohn und der um ein Jahr jüngeren Schwester Cornelia eine behütete Jugend. Die Kinder wuchsen in einem Haus auf, das für Kunst und Künstler offen stand.

Johann lernte gerne und leicht. Von den Eltern – insbesondere vom Vater – und von Hauslehrern wurde er gründlich erzogen und umfassend ausgebildet: Er wurde im aufgeklärten lutherischen Glauben groß; lernte Latein, Griechisch, Hebräisch, Englisch, Französisch und Italienisch; erwarb naturwissenschaftliche Kenntnisse in Biologie, Physik und Chemie; übte sich in Tanzen, Reiten sowie Fechten und lernte zeichnen. Neben der Bibel las er wichtige Bücher der Weltliteratur.

Schon als Kind begeisterte sich Goethe für das Theater. Den mittelalterlichen Faust-Stoff lernte er als Stück eines Puppenspieltheaters kennen. Der Faust-Stoff sollte ihn ein Leben lang beschäftigen.

* 28.8.1749
in Frankfurt/Main
† 22.3.1832
in Weimar

Mehr zum
Faust-Stoff
➤ siehe Kap. 11
(Glossar) und
Oldenbourg
Interpretation
zu FAUST I und
FAUST II (Kapitel 1)

7

- 1773–1775: Arbeit am URFAUST
- 1790: Veröffentlichung von FAUST. EIN FRAGMENT
- 1806: FAUST I
- 1831: FAUST II

Studium und erste Jahre im Beruf als Anwalt

Von 1765 an studierte Goethe Rechtswissenschaften – zunächst in Leipzig; danach (nach einer Unterbrechung wegen Krankheit bis 1770) in Straßburg bis zu seinem Abschluss 1771. Nach dem Praktikum am Reichskammergericht Wetzlar (1772) kehrte er nach Frankfurt zurück. Dort war er bis 1775 als Rechtsanwalt tätig.

Goethe verbrachte einen Großteil seines Lebens in Weimar

Einer Einladung von Großherzog Carl August von Sachsen-Weimar-Eisenach nach Weimar folgend, wurde Goethe dort ab 1776 Mitglied im Kabinett, später dessen Leiter. Die Regierungsgeschäfte ließen ihm allerdings nur wenig Zeit für die Schriftstellerei.

Von September 1786 bis Juni 1788 lebte Goethe während seiner Italienreise vor allem in Rom. In Italien wurde er zu den Vorstellungen der Klassik inspiriert. Nach Deutschland zurückgekehrt, nahm Goethe die Weimarer Amtsgeschäfte wieder auf. Nun wurde ihm aber mehr Zeit für die Schriftstellerei eingeräumt.

Goethes Zentralthema ist die Liebe

In Goethes Werken geht es oft um die Liebe. Viele Frauen (z. B. Charlotte von Stein) und Freunde begleiteten sein Leben auf vielfältige Weise. Christiane Vulpius war seine Ehefrau, August der einzige Sohn. Beide überlebte er.

Goethe ist der bekannteste Vertreter der Weimarer Klassik und hat die deutschen Beiträge zur Weltliteratur schlechthin geliefert.

Goethes Werke (in Auswahl):

bis 1775	Götz von Berlichingen (Drama)
	Prometheus, Ganymed (Hymnen)
	Die Leiden des jungen Werthers (Briefroman)
	Clavigo (Drama)
bis 1786	Iphigenie auf Tauris (Drama)
ab 1788	Römische Elegien (Gedichte)
	Faust. Ein Fragment
	Wilhelm Meisters Lehrjahre (Roman)
	Dichtung und Wahrheit (Autobiografie)
1808	Faust I
1832	Faust II

Goethes Wohnhaus am Frauenplan in Weimar

2 Inhaltsangabe

Zu Beginn der Handlung von FAUST I tritt der Dichter auf: Er erinnert sich an die Schwierigkeiten mit dem Werk. Dann spricht er mit dem Theaterdirektor und einem Schauspieler über das Wesen des Theaters überhaupt.

Mit dem „Prolog im Himmel" beginnt die eigentliche Handlung des Dramas: Die Erzengel loben unsere Welt als vollkommene Schöpfung Gottes. „Der Herr" (Gott) und Mephisto(pheles) diskutieren über das zwiespältige und widersprüchliche Wesen des Menschen. Als treffendes Beispiel dient der Wissenschaftler und Gelehrte Faust.

Mehr zu Mephisto ➤ siehe Kap. 8.4 und 11 (Glossar) und Oldenbourg Interpretation zu FAUST I und FAUST II (Kapitel 5.2)

Niedergeschlagen und bedrückt überdenkt Faust nachts in seiner Studierstube sein Leben. Er erkennt, dass erstens die Wissenschaft ihm keine wahren Erkenntnisse verschafft hat und dass er zweitens das Leben nicht genießen kann. Verzweifelt will Faust Selbstmord begehen.

Mephisto besucht ihn und verspricht Abhilfe. Die beiden schließen einen besonderen Vertrag bzw. Pakt, der auf einer Wette fußt: Ist Mephisto erfolgreich, erhält er von Faust dessen Seele. So reist Mephisto mit Faust durch die Welt der Freuden und der Genüsse. Faust wird durch Mephisto wieder zu einem jungen, lebenslustigen Mann.

Mehr zur Wette ➤ siehe Kap. 8.5

Später lernt Faust das blutjunge Mädchen Gretchen (Margarete) kennen und lieben. Damit beide die Liebe genießen können, ‚räumt' Mephisto Gretchens Mutter und Bruder aus dem Weg. Faust schwängert das Mädchen und verlässt es anschließend.

In der „Walpurgisnacht" führt Mephisto Faust auf den Blocksberg (im Harz) zu orgiastischen Ausschweifungen mit dem Hexenvolk. Dort wird mit dem „Walpurgisnachtstraum" auch ein Theaterstück zur goldenen Hochzeit der Elfenkönige Oberon und Titania aufgeführt.

Mehr zu Walpurgisnacht und Walpurgisnachtstraum ➤ siehe Kap. 8.8 und 8.9

Inzwischen hat Gretchen das Neugeborene getötet und

wartet im „Kerker" auf die Hinrichtung. Das wahnsinnige Mädchen widersetzt sich, als Faust versucht, es mit Mephistos Hilfe zu befreien. Mephisto und Faust fliehen.

Will Quadflieg und Gustaf Gründgens als Faust und Mephisto im Faust-Film von 1960

3 Aufbau des Dramas

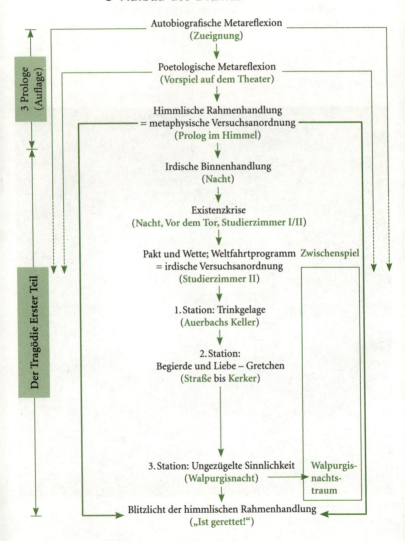

3 Prologe (Auflage)

Der Tragödie Erster Teil

Autobiografische Metareflexion
(Zueignung)

Poetologische Metareflexion
(Vorspiel auf dem Theater)

Himmlische Rahmenhandlung
= metaphysische Versuchsanordnung
(Prolog im Himmel)

Irdische Binnenhandlung
(Nacht)

Existenzkrise
(Nacht, Vor dem Tor, Studierzimmer I/II)

Pakt und Wette; Weltfahrtprogramm   Zwischenspiel
= irdische Versuchsanordnung
(Studierzimmer II)

1. Station: Trinkgelage
(Auerbachs Keller)

2. Station:
Begierde und Liebe – Gretchen
(Straße bis Kerker)

3. Station: Ungezügelte Sinnlichkeit
(Walpurgisnacht)   Walpurgis-
nachts-
traum

Blitzlicht der himmlischen Rahmenhandlung
(„Ist gerettet!")

12

4 Analyse des Dramas

FAUST I besteht aus 28 Szenen mit 4611 Versen und ist in fünf große Teile gegliedert. Abweichend vom Originaltext werden in diesem Textnavigator die Szenen durchnummeriert, um besser auf sie verweisen zu können.

Teil		Szene	Versangabe
1	Vorspiel	Szene 1–3	V. 1–353
2	Vertrag zwischen Mephisto und Faust	Szene 4–9	V. 354–2604
3	Liebe zwischen Faust und Gretchen	Szene 10–24	V. 2605–4222
4	Zwischenspiel	Szene 25	V. 4223–4398
5	Ende der Liebe Gretchens Untergang	Szene 26–28	V. 4399–4611

Das Drama ist in lockerer Szenenfolge ohne Einteilung in Akte angelegt und vollzieht sich in einzelnen Stationen, die eine oder mehrere Szenen umfassen. Deshalb wird im folgenden Durchgang Szene für Szene analysiert.

Schwierige Szenen werden in Kap. 8 ausführlicher kommentiert und interpretiert

4.1 Vorspiel
Drei Szenen leiten das Drama ein.

„Zueignung" (Szene 1)
Im feierlichen Vortrag besinnt sich der Dichter auf seine Schwierigkeiten mit dem Stoff. Lange ist das Werk unvollendet geblieben. Durch die dichterische Fantasie werden die undeutlichen Figuren deutlich und ergreifen den Dichter mit neuer Macht. Dadurch wird sein – einige Zeit lang flau gebliebenes – Schaffen erneuert und lebendig.

Vers

↓ 1 . . . . (Zueignung)

Vorspiel

↓ 353 . . . . (Prolog im Himmel)

↓ 354 . . . . (Nacht)

Pakt
zwischen
Mephisto und Faust

↓ 2604 . . . . (Hexenküche)

↓ 2605 . . . . (Straße)

Liebe
zwischen
Faust und Gretchen

↓ 4222 . . . . (Walpurgisnacht)

↓ 4223–4398 . . . . Zwischenspiel

↓ 4399 . . . . (Trüber Tag – Feld)

Ende der Liebe
Gretchens Untergang

4611 . . . . (Kerker)

„Vorspiel auf dem Theater" (Szene 2)

Der Direktor, der Theaterdichter und die „Lustige Person" sprechen auf der aufgeschlagenen Wanderbühne über ihre sowohl ambivalenten (widersprüchlichen) als auch komplementären (sich ergänzenden) Vorstellungen von einem guten Publikum sowie über idealistische und realistische Ansprüche an ein gutes Stück: Gut ist es, wenn es zugleich auch schön und wahr ist.

Die „Lustige Person" ist ein Schauspieler in einer komischen Rolle

„Prolog im Himmel" (Szene 3)

Die Erzengel Raphael, Gabriel und Michael sowie Mephisto und „der Herr" führen in die eigentliche Handlung ein. **Insofern ist die dritte Szene der wichtigste Abschnitt zum Verständnis der Binnenhandlung.**

Gelehrtenhandlung und Gretchenhandlung sind die Haupthandlungsstränge

Die Erzengel Raphael, Gabriel und Michael loben und preisen den Kosmos und dessen Elemente als eine insgesamt harmonische Ordnung. Er ist Gottes großartige Schöpfung und umfasst Sonne, Universum, Erde und Naturgewalten. Mephisto kommt hinzu und bringt die Rede auf die Menschheit; sein zynisches Urteil ist rundweg negativ: Die Menschen seien durch und durch schlecht, weil maßlos und ohne Vernunft – gleichsam immer „tierisch":

> *Der kleine Gott der Welt bleibt stets vom gleichen*
>> *Schlag,*
> *Und ist so wunderlich als wie am ersten Tag.*
> *Ein wenig besser würd' er leben,*
> *Hättst du ihm nicht den Schein des Himmelslichts*
>> *gegeben;*
> *Er nennt's Vernunft und braucht's allein,*
> *Nur tierischer als jedes Tier zu sein.* (V. 281 ff.)

Mephistos Rede ist dahingehend zu verstehen, dass der Mensch unstillbar ist in seinem Drang nach Erkenntnis. Weil er im – eigentlich nur kurzen – Verlauf seiner Geschichte durchaus erfolgreich gewesen ist, überschätzte er

Mephistos Aussage: Der Mensch ist nicht zufrieden und strebt immer nach Erkenntnis

seine Fähigkeiten und Fertigkeiten maßlos. Sein Verhalten grenze an Hybris (Selbstüberhebung). Folglich charakterisiert Mephisto den (negativ) umtriebigen Menschen mit einer Personifizierung sehr treffend, wenn er zu „dem Herrn" sagt:

> *Er scheint mir, mit Verlaub von Euer Gnaden,*
> *Wie eine der langbeinigen Zikaden,*
> *Die immer fliegt und fliegend springt*
> *Und gleich im Gras ihr altes Liedchen singt;*
> *Und läg' er nur noch immer in dem Grase!*
> *In jeden Quark begräbt er seine Nase.* (V. 286 ff.)

Das Gespräch fußt auf einer deduktiv strukturierten Kommunikation: von einer allgemeinen Behauptung zu einem konkreten Fakt

„Der Herr" lenkt das Gespräch mit Mephisto von der allgemeinen Beschaffenheit (Wesen, Natur) des Menschen bis zu Faust im besonderen Fall. Dieser sei ein treffendes Beispiel für das Bleibende und Besondere des Menschen. Er besitze eine widersprüchliche, also nicht nur negative Eigenschaft: die drängende, unersättliche, grenzenlose Sehnsucht nach Erkenntnis sowie das damit immer verbundene Irren und Suchen. Denn „Es irrt der Mensch, solang' er strebt" (V. 317). Faust wird im „Prolog" unterschiedlich bewertet: „Der Herr" findet es gut, dass Faust ständig nach Erkenntnis strebt. Mephisto kritisiert, dass Faust niemals zufrieden ist.

„Der Herr" hat grundsätzlich ein positives Bild vom Menschen. Er ist dabei so sicher und gelassen, dass er mit

Anthropologie bezeichnet die Wissenschaft vom Menschen

diesem anthropologischen Optimismus den pessimistisch-zynischen Mephisto herausfordert. Dieser schlägt „dem Herrn" aufgrunddessen eine Wette vor: Kann er Faust zu bösen Handlungen verführen, will er dessen – unsterbliche, weil göttliche – Seele in Besitz nehmen. „Der Herr" willigt ein:

Mephistopheles.

> *Was wettet Ihr? Den sollt Ihr noch verlieren,*
> *Wenn Ihr mir die Erlaubnis gebt,*
> *Ihn meine Straße sacht zu führen!*

Der Herr. *Solang' er auf der Erde lebt,*

> *Solange sei dir's nicht verboten.*
> *Es irrt der Mensch, solang' er strebt.* (V. 312 ff.)
> *[…]*

Der Herr. *Nun gut, es sei dir überlassen!*

> *Zieh diesen Geist [= Faust, U. W.] von seinem*
>
> Urquell ab,
>
> *Und führ' ihn, kannst du ihn erfassen,*
> *Auf deinem Wege mit herab […]* (V. 324 ff.)

Das Publikum, also Zuschauer bzw. Leser, staunt und fragt sich, wozu diese Wette abgeschlossen wird:

- Mephisto glaubt, die Wette mit „dem Herrn" abschließen zu können, weil er davon ausgeht, dass er Faust zu einem bösen Leben verführen kann. Seine Zuversicht fußt auf der Ansicht, die Mächte des Bösen seien stärker als das Gute im Menschen.

- „Der Herr" dagegen weiß, dass Faust auf Grund seiner anspruchsvollen Persönlichkeit durch die zwar teuflischen, doch auch sehr einfachen und oberflächlichen Verführungsversuche nicht beruhigt oder sogar nachhaltig befriedigt werden kann.

Insofern wird verständlich, warum „der Herr" gelassen bleibt, wenn Mephisto versucht, Faust negativ zu beeinflussen. Es wird klar, warum „der Herr" sozusagen „das Teuflische" benutzt, um „das Menschliche" in der Welt weiter und besser zu entwickeln: Die Menschen sollen nicht in Seelenruhe und Selbstzufriedenheit verharren. Sie sollen niemals mit einem erreichten *status quo* zufrieden sein, sondern immer auf der Suche nach dem Besseren oder sogar Besten bleiben. Sie sind immer aufgefordert,

Zweck der ‚himmlischen Wette' zwischen „dem Herrn" und Mephisto

„Der Herr" ist und bleibt überlegen – von Anfang bis zum Ende der Handlung

die eigenen Grenzen in sinnvoller Freiheit und vernünftiger Verantwortung auszudehnen. „Der arme Teufel" Mephisto ist lediglich ein Werkzeug nach dem guten Willen und im Dienst „des Herrn"; deshalb kann dieser auch souverän behaupten:

> *Des Menschen Tätigkeit kann allzuleicht erschlaffen,*
> *Er liebt sich bald die unbedingte Ruh;*
> *Drum geb' ich gern ihm den Gesellen zu,*
> *Der reizt und wirkt und muß als Teufel schaffen.*
> (V. 340 ff.)

Goethes Entwurf eines Bühnenbildes zur Szene „Prolog im Himmel"

- Das **Vorspiel in drei Szenen** führt in die Handlung von Goethes FAUST I ein:
- Die erste Szene, die „Zueignung", gibt eine Selbstdarstellung des ebenfalls zur Figur verwandelten Autors.
- Im darauf folgenden „Vorspiel" erkennt dann das Publikum, dass das Theaterhaus der entscheidende Ort der sich anschließenden Geschehnisse ist.
- Erst der „Prolog im Himmel" führt in die eigentliche Handlung ein. Eine ‚himmlische' Wette zwischen Mephisto und dem Herrn wird abgeschlossen. Mit dem „Prolog im Himmel" wird die echte Bühne freigegeben.

Nur ein Mal öffnet sich der „Himmel" dem Publikum. Hier wird eine überirdische Regieanweisung mitgeteilt: Das Publikum erfährt, wie Faust auf der Erde zu leben hat.

4.2 Vertrag zwischen Mephisto und Faust

In sechs Szenen (4–9) wird die sogenannte Gelehrtenhandlung entwickelt.

Die Geschichte des Doktor Faustus stammt aus volkstümlichen Büchern des 16. und 17. Jh.

„Nacht" (Szene 4)

Faust fühlt sich in seinem Streben nach Erkenntnis unbefriedigt, bedrückt, niedergeschlagen. Er wendet sich der Magie zu, beschwört das Makrokosmos-Zeichen und den Erdgeist, diskutiert mit dem staubtrockenen Stubengelehrten Wagner über Wissenschaft. Nichts überzeugt ihn, alles erscheint ihm schal und sinnlos. Insgesamt ist er lebensfern gestimmt, da ihm sein Leben sinn- und ziellos erscheint. Deshalb denkt Faust an Selbstmord. Sein Problem als entfremdeter Gelehrter und nur reagierender Wissenschaftler bildet die „ideelle Urzelle" (Jochen Schmidt) des ganzen Dramas.

Mehr zu Szene 4 ➤ siehe Kapitel 8.3

Makrokosmos bezeichnet das Universum (➤ der Mikrokosmos ist die eigentliche, kleine Welt des Menschen)

Vor dem Suizid wird Faust von einem Chor bewahrt, der den anbrechenden Ostersonntag besingt. Dieser Chor bietet ein – vorübergehend wirksames – therapeutisches Heilmittel gegen die Melancholie. Denn der Chor
- verkündet die christliche Botschaft der österlichen Erlösung,

- erinnert Faust an die Erlebnisse von Glaube, Hoffnung und Liebe während seiner Jugend,
- lässt beruhigende und heilende Musik gegen die Macht der Melancholie erklingen.

Faust im magischen Kreis mit dem beschworenen Pudel (Cover einer FAUST-Ausgabe von 1636)

„Vor dem Tor" (Szene 5)

Während die zufriedenen und heiteren Bürger und Bauern den Ostersonntag feiern, geht Faust spazieren; er hat den ersten, beinahe tödlichen Anfall von Melancholie überstanden. Allerdings fühlt er sich – sozusagen von der österlich-frühlingsfrischen Stimmung umhüllt – in Widersprüche verwickelt.

Die Leute erweisen Faust großen Respekt. Sie fordern ihn auf, sich der Welt zuzuwenden und sich dem Leben zu öffnen. Doch Faust wird an die eigenen Fehler und Grenzen erinnert: „Zwei Seelen wohnen, ach! In meiner Brust" (V. 1112). Er spürt in sich den starken Widerspruch zwischen Weltzuwendung und Sehnsucht nach Überwindung der irdischen Enge.

Die Szene „Vor dem Tor" kündigt bereits Fausts Fahrt in die Welt an. Dessen Wunsch nach „neuem, buntem Leben" (V. 1121) ergibt sich aus seiner Sehnsucht. Die Szene enthält erste Reflexionen zu den erotischen Aspekten der Gretchen-Handlung:

Mehr zum Thema „gefährdeter Mensch"
➤ siehe Kap. 7.1.4

- Fausts Gespräch mit den Handwerksburschen kommt auf die „schönsten Mädchen" (V. 815).
- Eine alte Kupplerin – „eine Hexe" (V. 877) – redet vor den Mädchen von Liebe, deren orgiastische Ausprägung in der Szene „Walpurgisnacht" voll entfesselt wird.

Mehr zur Gretchenhandlung
➤ siehe Kap. 4.7 und 4.8

- Abschließend nehmen die singenden Soldaten vorweg, wie Gretchen verführt und verlassen werden wird:

Das ist ein Stürmen!
Das ist ein Leben!
Mädchen und Burgen
Müssen sich geben.
Kühn ist das Mühen,
Herrlich der Lohn!
Und die Soldaten
Ziehen davon. (V. 895 ff.)

„Studierzimmer I" (Szene 6)

Faust übersetzt eigenwillig den Anfang des Johannes-Evangeliums. Die Übersetzung markiert einen Übergang, an dessen Ende der Vertrag zwischen Faust und Mephisto steht. Als Faust „Im Anfang war die Tat!" (V. 1237) übersetzt, ist aber noch nicht entschieden, ob er sich mit Mephisto auf ein Vertragsverhältnis einlässt. Vielmehr befindet er sich noch im wissenschaftlichen Leben, als er das griechische Original „ins geliebte Deutsch" (V. 1223) überträgt.

Mehr zu dieser Szene
➤ siehe Kap. 8.4

Gleichzeitig drückt der Translationsprozess mit den Zwischenstufen von „Wort" bis „Tat" (V. 1237) Fausts eigenes Bedürfnis aus. Sein neues Leben beginnt mit lebendigem Handeln, nachdem der Anfang – das bloße Wort – überwunden sein wird.

Faust beschwört dann in seltsamen Zauberformeln den Pudel, der ihm nach seinem Spaziergang gefolgt ist. Dieser verwandelt sich in Mephisto. Mit einem Rätselwort stellt sich Mephisto dann das erste Mal vor als „Ein Teil von jener Kraft, / Die stets das Böse will und stets das Gute schafft." (V. 1335 f.) Mit dieser Formel enthüllt Mephisto die Funktion seines durchweg destruktiven Wesens.

Mehr zum Vertrag ► siehe Kap. 8.5 und Oldenbourg Interpretation zu Faust I und Faust II (Kapitel 8)

(lat.) pactum: Übereinkunft, Vertrag

Faust schlägt Mephisto einen Vertrag, wörtlich, einen „Pakt" (V. 1414), vor. Mephisto indes verschiebt seine Antwort darauf auf später. Hier stellt sich die Frage, warum der Vertrag nicht direkt abgeschlossen wird. Folgende Gründe können angeführt werden:

- Nach dem Osterspaziergang nähert sich Faust nicht nur der lebendigen Welt an; er empfindet – in Ansätzen – sogar Liebe für die Menschen und Frömmigkeit vor Gott.

Gründe für den Aufschub des Abschlusses des Vertrags

- Faust kehrt nochmals zur wissenschaftlichen Existenz zurück, wie die Übersetzungsprobe zeigt; er strebt wieder nach der Erkenntnis des Idealen (= des Guten, des Wahren, des Schönen).

Folglich kann Mephisto, die reine Verkörperung des destruktiven Prinzips, keinen wirksamen Vertrag mit Faust schließen. Er wiederum nimmt sein Angebot noch nicht völlig ernst; hält er doch den Teufel nicht für gefährlich. Vielmehr will er mit ihm spielen.

Faust ist in einem widersprüchlichen (ambivalenten) Schwebezustand: bereit zum leichtfertigen Spiel – dem Ernst noch nicht ganz abgeneigt.

„Studierzimmer II" (Szene 7)

Faust zeigt sich immer noch melancholisch und wünscht sich erneut den Tod. Er verflucht alle menschlichen Werte und Tugenden.

Faust und Mephisto schließen nun ihren Vertrag, der auf einer besonderen Art von *Wette* beruht: Faust verlangt von Mephisto ein totales Leben mit jeder Art von Lust und mit allem Leid. Er glaubt mit Recht, dass es Mephisto nicht schafft, ihm ein Leben mit Befriedigung und ohne Zwang nach Erkenntnis zu verschaffen. Mephisto dagegen ist davon überzeugt, dass er die Wette gewinnt und diese Forderung einlösen kann.

Mehr zur Wette
➤ siehe Kap. 11
(Glossar)

Während sich Faust auf die gemeinsame Reise mit Mephisto in die Welt der Freuden und Genüsse vorbereitet, verkleidet sich Mephisto als Faust und spielt den närrischen Ratgeber eines naiven ‚Frischlings' an der Universität. Der junge Mann sucht den Rat des erfahrenen Wissenschaftlers und erfährt von Mephisto etwas über die wichtigsten wissenschaftlichen Disziplinen.

Hauptfächer an
der Universität
von damals waren
Theologie, Rechts-
wissenschaften
und Medizin

Die sogenannte Wissenschaftssatire bildet das humoristische Ende des Studierzimmer-Komplexes. Mephistos beißende Kritik am Universitätswesen entspannt nicht nur das Publikum nach der dramatischen Darstellung von der Beziehung zwischen Faust und Mephisto, sondern ist mit dem ganzen Werk verbunden: Der epilogartige Spott auf Wissenschaft und Wissenschaftsbetrieb schließt die Handlung um den Wissenschaftler Faust ab.

Mehr zur Satire
➤ siehe Kap. 11
(Glossar)

„Auerbachs Keller" (Szene 8)

Die erste Station der Reise von Faust und Mephisto spielt zwar noch im Umfeld der Universität, aber es kündigt sich schon ein Übergang an.

Die Gesellen erleben in der Leipziger Kneipe „Auerbachs Keller" zechende Studenten, die sich derb und in

„Auerbachs
Keller" in Leipzig
gibt es heute noch

obszöner Sinnlichkeit unterhalten. Mephisto spielt den anfeuernden Zauberkünstler. Faust steht abseits, ist gelangweilt und angewidert.

Die Kette der satirischen Attacken wird fortgeführt, und zwar gegen die privilegierten Stände Klerus und Adel sowie gegen die revolutionären Freiheitsbestrebungen des Volkes.

„Hexenküche" (Szene 9)

Die „Hexenküche" ist die zweite Station der Reise von Faust und Mephisto und gehört noch zum satirischen Ensemble, das am Ende der zweiten „Studierzimmer"-Szene mit der Wissenschaftssatire begonnen hatte. In der Teufelswelt von Mephisto werden toller Hokuspokus und widersinnige Narretei geboten – Irrationalität bleibt das Fundamentalprinzip dramatischen Handelns.

Mehr zur Satire ➤ siehe Kap. 11 (Glossar)

Faust taucht in eine irrationale Welt ein, die mit der Vernunft nicht mehr erfassbar ist

Faust nimmt einen Zaubertrank ein, der ihn um dreißig Jahre verjüngt. Deshalb fühlt er sich zu voller sexueller Sinnlichkeit wieder potent und wird im Zauberspiegel vom Bild einer schönen Frau erregt, worauf ihm Mephisto ankündigt:

Du sollst das Muster aller Frauen
Nun bald leibhaftig vor dir sehn.
Du siehst, mit diesem Trank im Leibe,
Bald Helenen in jedem Weibe. (V. 2601 ff.)

Das Wirken der Irrationalität, also der nicht erfassbaren Welt, zwingt den Menschen dazu, seine Vernunft aufzugeben. Dies passiert in der „Hexenküche" dadurch, dass

- die Macht des Aberglaubens durch ein ganzes Panorama an Ausgeburten und Requisiten (z. B. Sieb oder Spiegel) illustriert wird,
- der Glücksglaube (z. B. als Glücksspiel, Würfelspiel, Lotterie) die Kräfte der humanen Selbstbestimmung des Menschen verschwinden lässt,

- unangemessene Politik widersinnig und unvernünftig ist,
- schlechte und alberne Literatur nur billige und schnelle Wirkung erzielt.

Im Hexen-Einmaleins (V. 2540–52) wird die Widersinnigkeit auf die Spitze getrieben. Gleichzeitig wird sie mit satirischen Attacken auf die Rituale der Mediziner (V. 2538 f.) und auf die Kultriten der römisch-katholischen Kirche verbunden.

Insgesamt zeigt sich in der „Hexenküche" das Phänomen der dramatischen Gleichzeitigkeit:

Die Funktion der Szene „Hexenküche" im Drama

Der orgiastisch vorgeführte ‚Unsinn' erzielt seine Wirkung bei Faust, der der Wissenschaft überdrüssig ist und alle Vernunft ablehnt. Die sexuell-triebhafte Sinnlichkeit bricht über ihn herein und er ist ihr wehrlos ausgeliefert. Faust prägen einerseits tiefe Niedergeschlagenheit, große Orientierungslosigkeit und melancholische Ausweglosigkeit bis zum destruktiven Gedanken des Selbstmords; andererseits heitere Ausgelassenheit, wilde Bewegung, derbe Freude und triebhaft-irrationale Sinnlichkeit.

Die **Gelehrtenhandlung** umfasst nach den drei Prologszenen **sechs Szenen des Dramas**. Sie
- wird fast ausschließlich von Faust und Mephisto in Monologen und Dialogen bestritten und vorangetrieben,
- enthält den Vertrag zwischen den beiden Kontrahenten,
- zeigt, wie sich Faust – unter dem Einfluss von Mephisto – von einem alternden und unzufriedenen Wissensgrübler zu einem triebhaften, leichtfertigen, verantwortungslosen Lebemann entwickelt,
- lässt Faust typisch menschliche Grenzsituationen in extremer Ausgeprägtheit durchleben und erfahren,
- deutet allerdings auch schon an, dass Mephisto Faust kaum richtig dienen kann, da sich dieser allenfalls nur oberflächlich zum scheinbar echten Leben verführen lässt.

4.3 Liebe zwischen Faust und Gretchen

Mehr zur
Gretchenhandlung
➤ siehe Kap. 4.7
und 4.8

In 15 Szenen (10 – 24) wird die Gretchenhandlung entwickelt. Sie bildet einen weiteren Schwer- und Kraftpunkt des Dramas.

Kuppelintrige

Vers 2605 ff. Erste Begegnung von Faust und Gretchen ➜ „Straße" (10)

Vers 3073 ff. Faust und Gretchen im ersten Gespräch
Faust bekennt seine Liebe ➜ „Garten" (15)

Vers 3205 ff. Der erste Kuss
Gretchen bekennt seine Liebe ➜ „Ein Gartenhäuschen" (16)

Vers 3414 ff. Verabredung zur ersten Liebesnacht ➜ „Marthens Garten" (19)

Beziehungskrise

Vers 3587 ff. Das schwangere Gretchen sieht sich in einer
verzweifelten Lage ➜ „Zwinger" (21)

Vers 3620 ff. Faust ersticht Valentin und verlässt Gretchen ➜ „Nacht" (22)

Vers 3776 ff. Gretchens schlechtes Gewissen ➜ „Dom" (23)

Vers 3835 ff. Fausts Vision von Gretchens Hinrichtung ➜ „Walpurgisnacht" (24)

Vers 4223 ff. Zwischenspiel ➜ „Walpurgisnachtstraum" (25)

Beziehungsende

Fausts erfolgloser Rettungsversuch
Gretchen lehnt die Flucht mit Faust ab
Gretchen erwartet die Hinrichtung
Vers 4611 ff. Gretchens Seele wird „von oben" gerettet ➜ „Kerker" (28)

4.4 Gretchens Verführung und Eroberung

Faust spricht Gretchen in der Szene „Straße" direkt an, wird aber abgewiesen. Er verliebt sich sofort. Zwar handelt er aus eigener Perspektive als Verführer, indem er Gretchens weibliche Eitelkeit zu reizen versucht. Doch Gretchens Ablehnung zwingt ihn, sich der Hilfe Mephistos zu bedienen. Deshalb fordert er Mephisto auf, ihn sofort mit dem Mädchen zu verbinden. Doch Mephisto sieht Schwierigkeiten, weil Gretchen naiv, gottesfürchtig und von reiner Unschuld ist.

Gretchens Eroberung erstreckt sich von der ersten Begegnung auf der „Straße" bis zum Rendezvous im „Gartenhäuschen", also über drei Szenen

Am „Abend" (Szene 11) besucht Faust mit Hilfe von Mephisto heimlich das Zimmer von Gretchen. Seine oberflächliche Begierde verwandelt sich in echte Liebe. Faust bekommt Gewissensbisse.

Hier beginnt die Kuppelintrige

Gretchen – von Faust beeindruckt – singt die Ballade vom „König in Thule". Als das Mädchen wertvollen – von Mephisto besorgten und versteckten – Schmuck findet, wird es zu Koketterie und Eitelkeit verführt. Gretchen reagiert wie erwartet. **Als Träger des Schmucks fühlt es sich sowohl materiell als auch gesellschaftlich wertvoller** (V. 2792–2804). Bemerkenswert und sonderbar ist, dass Faust Gretchen den wertvollen Schmuck anonym und inkognito schenkt.

Thule ist eine mythenumwobene Insel im äußersten Norden

Gretchens Einsicht: „Nach Golde drängt,/ Am Golde hängt/ Doch alles. Ach wir Armen!" (V. 2802 ff.)

Auf dem „Spaziergang" (Szene 12) ärgert sich Mephisto. Die Mutter von Gretchen hat den aufgefundenen Schmuck nicht der Tochter überlassen, sondern dem Pfarrer übergeben. Faust verlangt folglich von Mephisto weitere Dienstleistungen. Die Nachbarin Frau Marthe wird in die Kuppelintrige eingespannt. Gretchen erhält von Mephisto neuen Schmuck.

In Szene 13, „Der Nachbarin Haus", rät Marthe Gretchen, den neuen Schmuck vor der Mutter zu verheimlichen, was Gretchen befolgt. Darüber hinaus entschließt es sich

Gretchen beginnt mit seinen Heimlichkeiten

zu einem heimlichen Treffen. Die Kuppelintrige kann also fortgesetzt werden: Mephisto sucht Frau Marthe auf und berichtet ihr vom angeblichen Tod des Ehemannes. Dass er die Wahrheit spricht, will er mit Faust als Zeugen beeiden. Mephisto, Marthe, Faust und Gretchen verabreden sich für den Abend.

Mephisto und Marthe agieren als listiges und tückisches Kupplerpaar, während Faust und Gretchen als Liebespaar fungieren. Intimität wird durch Heimlichkeit erzeugt.

Szene 10 hat den gleichen Titel Die Szene „Straße" zeigt Faust, der sich zunächst Mephisto verweigern und keinen Meineid schwören will. Mephisto versucht, ihn aber dadurch zu überreden, dass er die Bedeutung eines Schwurs generell relativiert, und führt dafür den heißen Schwur in Liebesdingen als Beispiel an. So fügt sich Faust den Forderungen von Mephisto.

Der Leser/Zuschauer erfährt in dieser Szene lediglich die äußere Oberfläche der Handlung. Tatsächlich versucht Mephisto, *zwei* Handlungen zu verknüpfen:

- Fausts Werbung um Gretchens Liebe,
- den Selbstbetrug von Faust.

Fausts Liebe zu Gretchen ist nicht wahrhaftig, sondern triebhaft Faust beteuert zwar seine Liebe als „unendlich, ewig, ewig" (V. 3065). Die Beteuerung jedoch bleibt Selbstbetrug, „ein teuflisch Lügenspiel" (V. 3066). Denn Fausts Liebe ist nicht wahres Gefühl, sondern triebhaftes Verlangen.

Gretchen dagegen äußert in der Szene „Ein Gartenhäuschen" wahrhaftige Liebe („von Herzen lieb' ich dich!" V. 3206). Ein weiteres Indiz dafür ist Gretchens leidenschaftlicher Kuss. Zuvor in der Szene „Garten" hatte das zurückhaltende und vorsichtige Mädchen Faust vom bisherigen kleinen und bürgerlichen Leben erzählt. Faust ist gerührt und entzückt; er bekennt Gretchen seine Liebe. Freilich erkennt Gretchen – noch – nicht, was Faust in Wirklichkeit damit meint.

4.5 Szenen „Wald und Höhle" und „Gretchens Stube"

Beide Szenen sind als Selbstaussprachen der beiden Hauptfiguren angelegt und zwischen die eigentliche Handlung eingefügt.

In „Wald und Höhle" ist Faust allein und denkt über die Erlebnisse der letzten Zeit nach. Er dankt dem Erdgeist für das Glück, das er genießen durfte. Doch er ist innerlich sehr unruhig. Erneut fühlt er sich unbefriedigt; denn er taumelt zwischen Begierde und Genuss und ist gespalten in ein niederes und Gretchen erniedrigendes Triebwesen und in einen Menschen, der wirklich lieben will.

In seiner ziellosen Unruhe sieht Faust voraus, dass seine egoistische Liebe Gretchen zerstören wird. Er weiß um die eigene Bindungsunfähigkeit. Dennoch ändert Faust sein Verhalten nicht, obwohl er sich einen Unmenschen „ohne Zweck und Ruh'" (V. 3349) nennt.

„Meine Ruh' ist hin" (V. 3374) vernimmt das Publikum am Anfang der Szene in „Gretchens Stube".

Gretchen arbeitet allein am Spinnrad. In Gedanken an die Liebe zu Faust wird das Mädchen melancholisch und unruhig. Denn durch Liebe und Leidenschaft ist es aus dem behüteten Dasein als Kind einer intakten Familie herausgelöst worden.

> Die **Szenen 17 und 18** haben folgende Funktionen:
> - Nach dem wechselseitigen Liebesgeständnis verzögert sich die Handlung.
> - Durch diese Retardierung wird die dramatische Spannung erhöht: Ob es zur körperlichen Liebe zwischen Gretchen und Faust kommen wird?

Die Szenen 17 und 18 sind als Selbstaussprachen der Figuren konzipiert

„Gretchens Liebe ist eine bruchlose Einheit aus innigem Gefühl und erotischem Verlangen." (Jochen Schmidt)

Mephisto fragt direkt: „Nun, heute nacht?" (V. 3542)

4.6 Überwindung der letzten Widerstände

Zwei inhaltliche Aspekte bestimmen die kleine Szene 19, „Marthens Garten":

Mehr zu dieser Szene ➤ siehe Kap. 8.7

- Gretchen zeigt sich traurig und insofern unsicher, weil Faust im Gegensatz zu ihm den (christlichen) Glauben wenig praktiziert. Faust ist zwar der Auffassung, dass Gott in allem Seienden ist, überzeugt aber Gretchen nicht. Gretchen ahnt, dass in Mephisto das gottferne Böse anwesend ist.

- Gretchen und Faust verabreden sich zum Beischlaf in der kommenden Nacht. Die aus Szene 18 aufgestaute Spannung wird somit aufgelöst und Gretchen wird sich Faust hingeben.

Die Auflösung von Gretchens letzten Widerständen gegen die geschlechtliche Vereinigung mit Faust ist dreifach gestuft:

- Gretchen lässt von seinen religiösen Bedenken ab, obwohl Faust „kein Christentum" (V. 3468) hat und zeigt.

- Gretchen überwindet seinen Widerwillen gegen Mephisto, obwohl es in ihm das fundamental Böse spürt.

- Gretchen überwindet sein Zögern und nimmt von Faust das Betäubungsmittel entgegen, das die Mutter töten wird.

Gretchens Willenlosigkeit gegenüber Faust zeigen die letzten Worte vor der Liebesnacht:

Seh' ich dich, bester Mann, nur an,
Weiß nicht, was mich nach deinem Willen treibt;
Ich habe schon so viel für dich getan,
Daß mir zu tun fast nichts mehr übrig bleibt.

(V. 3517 ff.)

4.7 Gretchens Bedrängnis und seine Ächtung durch die Gesellschaft

Die Szenen 20–24 sind gesellschafts- und kirchenkritisch

In Szene 20, „Am Brunnen", lästert Lieschen vor Gretchen über ein anderes Mädchen, das beide kennen. Es ist von seinem Liebhaber verlassen worden, der es geschwängert hat. Gretchen erkennt darin das ihm bevorstehende Schicksal; ihm droht „der Weg nach ganz unten" (Jochen Schmidt) – im schlimmsten Fall die Prostitution, die Valentin der Schwester ebenfalls ankündigt (V. 3736–39).

Insofern ist Gretchens Verzweiflung nachvollziehbar. Es wendet sich in der Szene „Zwinger" mit einem ergreifenden Gebet an die Mutter Maria – verbunden mit der Bitte um Hilfe und Beistand. Die Hoffnung auf Rettung vor der „Schande" (V. 3740) wird sich jedoch nicht erfüllen. Individuelle Gefühle und echte Bedürfnisse müssen vor der unerbittlichen Gewalt der bürgerlichen Gesellschaft unterliegen. Deren Moral wird darüber hinaus von einer rigorosen Kirche unterstützt.

Folglich entlarvt die „Zwinger"-Szene – ebenso wie die angeschlossene Valentin-Szene „Nacht" – **die unmenschlichen Verhältnisse. Sie beruhen auf einer Sexualmoral, die inhuman und heuchlerisch ist und bis zum Mord führen muss.**

Die Szenen 4 und 20 tragen beide den Titel „Nacht"

Ausschließlich selbstgerecht beklagt sich der bürgerlich-biedere ‚Ehrenmann' Valentin über die Ehrlosigkeit seiner Schwester Gretchen. Der sterbende Valentin verflucht Gretchen in aller Öffentlichkeit als „Metze". Damit kündigt er dessen Untergang in aller Öffentlichkeit an.

Metze bedeutet Hure

Am Ende dieser gesellschaftskritischen Szenensequenz sehen wir Gretchen im „Dom" (Szene 23). Das Mädchen plagt das Gewissen, es erlebt die schreckensvolle Vision des Jüngsten Gerichts und fällt in Ohnmacht. Gretchen verfällt in seinem naiven Glauben ausschließlich Verdammungsfantasien. Niemand wird ihm helfen. Ein böser Geist quält es und kündigt ihm im Jenseits Schrecken und Qualen an. Letztlich verkörpert der Geist den brutalen kirchenmoralischen Terror.

Mehr zu dieser Szene ➤ siehe Kap. 8.8

„Walpurgisnacht" (Szene 24)

Mephisto hat Faust auf den Blocksberg (Harz) geführt. Dort zeigt sich jede Art von abscheulichen Hexenfratzen in dämonischer und orgiastischer Betriebsamkeit. Faust tanzt mit einer verführerisch schönen Hexe. Als ihr ein rotes Mäuschen aus dem Mund springt, hört er auf zu tanzen. Dann erlebt er die Vision vom hingerichteten Gretchen.

Im traditionellen Faust-Stoff fehlt die Gretchen-handlung

- Die **Gretchenhandlung** spielt in einer ganz eigenen Welt.
- Gretchen ist sympathisch und wirkt gleichzeitig naiv, obwohl es ein tragisches Schicksal durchlebt. Die Kuppelintrige zwischen Gretchen und Faust wird von Mephisto geschickt eingefädelt und endet als bedingungslose Leidenschaft des Mädchens für Faust. Die Folgen sind einerseits der Tod von Mutter und Bruder, andererseits die soziale Ächtung durch die Gesellschaft.
- Gretchen wird von Goethe mit einer weiblichen Sinnlichkeit ausgestattet, die als natürlich und gleichzeitig als human (und nicht als sündig) erscheint.
- Es wird aber von Faust, der egoistisch seine sexuellen Begierden befriedigt, verlassen und ins Unglück gestürzt.
- Die vernichtende und zerstörerische Unmenschlichkeit von tierisch-triebhafter Sexualität zeigt sich kollektiv und anonym in der „Walpurgisnacht": Sexualität wird rein orgiastisch. Faust ist in seinem persönlichen Wesenskern bedroht und bewegt sich an der Grenze zwischen Mensch und Tier.

4.8 Zwischenspiel

„Walpurgisnachtstraum" (Szene 25)

Mehr dazu
➤ siehe Kap. 8.9

Der Walpurgisnachtstraum fungiert als Intermezzo im gesamten Drama. Das Elfenkönigspaar Oberon und Titania
wird geehrt und feiert goldene Hochzeit.

Verschiedene Persönlichkeiten aus Goethes Zeitalter
(Schriftsteller, Philosophen, Künstler) charakterisieren
sich selbst in satirischer Brechung und Wirkungsabsicht.

4.9 Ende der Liebe – Gretchens Untergang

In den folgenden drei Szenen (26 – 28) wird die Gretchenhandlung abgeschlossen, und zwar mit einer Katastrophe.

„Trüber Tag. Feld" (Szene 26)

Faust reflektiert seinen großen Schmerz, während Gret-
chen im Gefängnis sitzt und auf die Hinrichtung wartet.
Faust verflucht und verklagt Mephisto. Dieser kann Faust
Zugang zum Gefängnis verschaffen.

„Nacht. Offen Feld" (Szene 27)

Faust und Mephisto reiten an der Stätte vorbei, wo Gretchen hingerichtet werden soll.

- Beide Szenen („Trüber Tag. Feld" und „Nacht. Offen Feld" wirken hart
  gefügt. Sie stehen in einer sprunghaften und emotional wirkenden Prosa
  mit ‚zersprengter' Syntax (Ausrufe, Pausen, Stockungen, Wiederholungen).
- Die Begriffe „Elend" und „Jammer" signalisieren die nunmehr endgültige
  tragische Erschütterung. Diese ergreift mit Blick auf das bevorstehende
  Schicksal Gretchens sowohl das Publikum als auch Faust selbst.

„Kerker" (Szene 28)

Gretchen erschrickt darüber, dass Faust unfähig ist,
zu küssen. Es spürt, wie aus Faust nur eine kalte Liebe

Matthäus Merian d. Ä.: Flugblatt „Zauberey" – Goethes Vorlage
zur Szene „Walpurgisnacht"

ttlosen und verflüchten Zauber festes.

Schrecket nicht den Bauersmann Pauckenbrummen Mordgetummel,
Eulenaugen, Kröten Zucht, Schlangen zischen, Würmgewimmel.
Pfui ihr tollen Sterblichen! Laßet euch nicht so bethören,
Wer einmahl kömt in die Hell der kan nimmer wiederkehren! J. Nas

spricht, und erschaudert vor dessen Begleiter Mephisto. Gretchen entwickelt sowohl intuitive Sensibilität als auch religiöse Sinnlichkeit – beides wirkt gegen die Verführungsversuche des Bösen.

Mephisto dagegen spielt sich zwar modern auf, hält aber an altmodischen Normen fest. Folglich bleibt ihm Gretchens Seele verwehrt.

Gretchen äußert sich wechselnd zwischen Wahnsinn und Hellsichtigkeit. Das Mädchen hat zwar – aus nicht bekannten Gründen – sein neugeborenes Kind ertränkt, erwartet aber auch im vollen Bewusstsein seine Strafe, nämlich die Hinrichtung, die am kommenden Morgen vollzogen werden wird. Es lehnt die von Faust angebotene Flucht ab und überantwortet sich lieber dem gnädigen Gott.

Mögliches Vorbild: Die heilige Margareta von Antiochia (3./4. Jh.) war eine Märtyrerin und wurde grausam hingerichtet

Faust scheitert in Bezug auf die Liebe zu Gretchen

Mehr zur „Erkenntnis" ➤ siehe Kap. 11 (Glossar)

Gretchen akzeptiert – auch in höchster Todesangst – die Bestrafung durch eine unmenschliche Gesellschaft. Es wirkt wie eine starke und heilige Märtyrerin und lehnt eine ungewisse Zukunft mit dem untreuen Verführer Faust ab. Es erhebt sich über einen lieblosen Faust und entwickelt eine natürliche Religiosität, in der Leib und Seele sowie Leben und Liebe integriert werden.

Faust, Gretchens ehemaliger Liebhaber mit einigen Gewissensbissen, scheitert ein zweites Mal. Denn er sieht bis zum Ende in Gretchen nur den Engel oder das kleine Mädchen (die „Puppe"). Er verweigert sich der wahren Liebe, von der er durch seinen Drang nach reflexiver Erkenntnis abgehalten wird. Er begreift nicht seine Schuld, die darin besteht, dass er unfähig ist, für Gretchens Schicksal Verantwortung zu übernehmen.

Wie kalt muss ein Mensch wie Faust sein, der vor Gretchen im „Kerker" noch kühl zusammenfassen kann: „Der Menschheit ganzer Jammer faßt mich an" (V. 4406)?

Gretchen dagegen zeigt Faust tiefe und echte Gefühle: „Spiritualität und Sinnlichkeit, Wonne und Jammer, Faszination und Gleichgültigkeit, Fesselung und Flucht" (Ulrich Gaier). Abschließend bilanziert Gretchen vor Faust die eigene und auch die gemeinsame Katastrophe:

Ich will dir die Gräber beschreiben.
Für die mußt du sorgen
Gleich morgen;
Der Mutter den besten Platz geben,
Meinen Bruder sogleich darneben,
Mich ein wenig beiseit',
Nur nicht gar zu weit!
Und das Kleine mir an die rechte Brust. (V. 4521 ff.)

Gretchen im Kerker
(in einer Theater-
inszenierung von FAUST)

Exkurs: Die Struktur der Szene „Kerker"

Diese wirkungsvolle Schlussszene des Dramas besteht aus sieben Teilen:

1 Faust wartet vor dem Kerker, in dem Margarete (= Gretchen) sitzt und auf die Hinrichtung wartet (V. 4405–11).

2 Margarete singt (V. 4412–20).

3 Margarete hält Faust fälschlicherweise für den Wächter, der sie zur Hinrichtung abholen soll (V. 4421–59).

4 Margarete erkennt Faust; sie entdeckt, dass er ohne Liebe ist, denn er kann „nicht mehr küssen" (V. 4460–97).

5 Margarete bezichtigt sich selbst der Schuld. Sie empfiehlt sich und die verstorbenen Verwandten der Fürsorge durch Faust (V. 4498–4535).

6 Faust versucht – vergeblich –, Margarete für die gemeinsame Freiheit zu gewinnen (V. 4536–64).

7 Die junge Frau entwickelt Todesfantasien. Als Mephisto erscheint und zur raschen Flucht drängt, sucht sie Schutz bei Gott (V. 4565–4611).

- Die **dreiteilige Schlusssequenz** (Szenen „Trüber Tag. Feld", „Nacht. Offen Feld" und „Kerker") gelangt schnell zur sichtbaren Katastrophe. Die dramatische Linie fällt rasch.

- Faust findet wieder zur – wenn auch nur gebrochenen – Menschlichkeit zurück und wird von seinem schlechten Gewissen gequält: Er hat Gretchen in das tödliche Unglück gestürzt. Das Mädchen hat ‚sein' Kind getötet.

- Die kurze Szene „Nacht. Offen Feld" nimmt imaginär-stimmungshaft Gretchens Hinrichtung vorweg.

- Im „Kerker" schließlich wartet Gretchen, das sich in eine wahnsinnige Verrücktheit gerettet hat, auf seine Hinrichtung. Fausts Befreiungsversuch scheitert. Denn Gretchen entscheidet sich nicht mehr für ein irdisches Leben, sondern wählt die Erlösung der im Jenseits geretteten Seele durch die Gnade Gottes.

5 Zentrale Themen

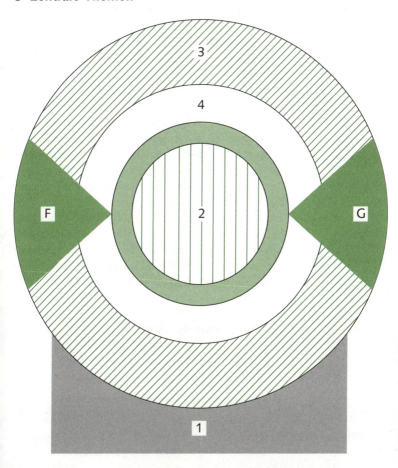

F = Faust   1 Anthropologisch-psychologisches Fundament
G = Gretchen   2 Kernproblem
                3 Soziologischer Horizont
                4 Prinzipielle Motive: Religion und Theologie

5.1 Anthropologisch-psychologisches Fundament

Kernproblem in Goethes Klassik-Konzept

Goethe entwickelt in der Figur Faust ein Kernproblem, mit dem er sich lebenslang beschäftigt hat.

Der Mensch ist gleichzeitig unbedingt und beschränkt: Einerseits stößt der lebende und handelnde Mensch auf keine Grenzen. Denn er fühlt in sich Energie, die als „dunkler Drang" (V. 328) in ihm wirkt. Andererseits wird der Mensch gleichzeitig dadurch begrenzt, dass er ein Wesen der Natur ist – eingeschränkt durch Geburt und Tod, in Raum und Zeit und in Kräften und Fähigkeiten.

In Faust zeigt sich diese Ambivalenz als unaufhebbarer Widerspruch. Denn er will alles erkennen, verstehen und wissen; *gleichzeitig* weiß er aber sicher um die Begrenztheit jedes Menschen, der nach Wissen strebt.

Mehr zur „Erkenntnis" ➤ siehe Kap. 11 (Glossar)

Trotzdem fordert er – letztlich vergeblich, weil unmöglich – für sich das endgültige, absolute, wahre Erkenntniswissen. Er verzweifelt und leidet daran, dass die Menschen „nichts wissen können" (V. 364). Faust muss demzufolge bei allen Versuchen, die ihm als Mensch gesetzten Grenzen zu überwinden, scheitern.

5.2 Soziologischer Horizont

In FAUST I wird die „Gesellschaft" untersucht und entworfen (analysiert und konzipiert). Deren Ausprägung wird durch die beiden gegensätzlichen Hauptfiguren deutlich.

Faust	Gretchen
■ Wissenschaftler, Gelehrter	■ Mädchen ohne formale Bildung, ohne Karriere
■ alt, erfahren	■ blutjung, naiv
■ skeptisch, rational	■ gläubig, sensibel, intuitiv
■ unabhängig, einsam	■ integriert, familienorientiert

Gretchen spielt die Rolle einer jungen Frau, die sich am Ende des 18. Jahrhunderts von den damals geltenden sozialdisziplinierenden Normen emanzipieren will – vergeblich und für sich selbst tödlich endend.

5.3 Die Motive Religion und Philosophie

In der Handlung zwischen den Szenen „Prolog im Himmel" und „Walpurgisnacht" wird ein mythisches System von himmlischen und höllischen Kräften entwickelt. In diesem System kämpfen alle Figuren gegeneinander, sind aber dennoch aufeinander bezogen.

Mehr zu Motiven ➤ siehe Oldenbourg Interpretation zu FAUST I und FAUST II (Kapitel 19)

In der Gelehrtenhandlung versucht Faust, wie Gott die Welt zu erkennen und hervorzubringen. Am Ende der Gretchenhandlung wird freilich Gretchens Seele „von oben" (V. 4611) vor dem Bösen der Hölle gerettet.

Tief in der Seele des Menschen Faust steckt sozusagen vor allem ein wesentliches Problem, das zwar für jeden Menschen nachvollziehbar, aber auch widersprüchlich und deshalb ungelöst ist: Der wissens- und erlebensdurstige Tatmensch Faust will einerseits über seine natürlichen Grenzen hinauskommen; er erfährt andererseits, dass er diese Grenzen niemals überwinden kann.

Faust taucht – nach dem Vertragsschluss mit Mephisto – in eine ihm fremde, nach starren Regeln beschränkte, familiär-traditionell geordnete und behütete (bürgerliche) Welt ein: Faust trifft auf Gretchen. Gretchens leidenschaftliche, selbstlose Liebe wird Gretchens ‚heile' Welt bedrohen und schließlich zerstören.

■ Die gesamte Handlung wird von fundamentalen Prinzipien getragen, die die Figuren religiös und philosophisch bestimmen (determinieren): angefangen vom Himmel (der Herr) über die Erde (Faust, Gretchen) bis in die Hölle (Mephisto).

6 Analyse der Sprache

„Wenn die Poesie ganz von der Welt verloren ginge,
so könnte man sie aus diesem Stück wiederherstellen."

(Goethe an Schiller in einem Brief vom 28.1.1804)

Der Text zeigt bis in jedes einzelne Wort reichhaltige Formen, sprachliche Gewalt, Gestaltungskraft und „beispiellose Wandlungsenergie" (Albrecht Schöne). FAUST I ist ein dramatischer Text. Dennoch sind viele Lieder und andere lyrische Subtexte – z.B. Gretchens bis heute berühmte Ballade vom „König in Thule" (V. 2759–82) – eingefügt.

Beispiele:
Madrigalvers
(V. 2011–2014),
Knittelvers
(V. 1876–1879),
freie Rhythmen
(V. 3191–3194),
Blankvers
(V. 3217),
Alexandriner
(V. 600),
Adonius
(V. 1447–1451)

6.1 Metrisches

Die Metren wechseln häufig, damit die Figuren – je nach Inhalt und Zusammenhang – durch ihre Sprache noch schärfer profiliert werden. Darüber hinaus erzeugt Goethe mit der formalen Reichhaltigkeit Abwechslung und Aufmerksamkeit; der inhaltliche Anspruch des Textes wird auch auf sprachlicher Ebene umgesetzt.

Die wichtigsten verwendeten Versmaße sind Madrigalvers, Blankvers und Knittelvers (Beispiele: Madrigalvers: V. 2011–14; Knittelvers: V. 1876–79; freie Rhythmen: V. 3191–94; Blankvers: V. 3217; Alexandriner: V. 600; Adonius: V. 1447–51.

Madrigalverse sind jambisch alternierend, haben beliebig viele Hebungen und reimen sich nicht (stehen also in freier Reimstellung). Ein Beispiel aus der Szene „Studierzimmer II":

Das ist der rechte Mann.
Ihr seid noch ziemlich gut gebaut,
An Kühnheit wird's Euch auch nicht fehlen,
Und wenn Ihr Euch nur selbst vertraut,
Vertrauen Euch die andern Seelen.

Besonders lernt die Weiber führen;
Es ist ihr ewig Weh und Ach
So tausendfach
Aus einem Punkte zu kurieren. (V. 2018 ff.)

Versmaß V. 2024 f.:
x x́ | x x́ | x x́ | x x́
x x́ | x x́

Jeder Vers ist für sich gestaltet; seine Länge und sein Rhythmus können dem Inhalt angepasst werden. Dadurch wirkt der gesprochene Vers leicht und geistreich, witzig und elegant – hier also passend für Mephistos sprachliche Überlegenheit gegenüber dem Schüler.

Blankverse sind jambisch, haben fünf Hebungen und reimen sich nicht. Beispiel:

Erhabner Geist, du gabst mir, gabst mir alles,
Worum ich bat. Du hast mir nicht umsonst
Dein Angesicht im Feuer zugewendet. (V. 3217 ff.)

Faust verwendet häufig diesen Vers, der „im 18. Jh. mit den neuen englischen Paradigmen, insbesondere Shakespeare, ins deutsche Drama" (Ulrich Gaier) kam. Seit Gotthold Ephraim Lessings NATHAN DER WEISE (1779) ist der Blankvers der gebräuchlichste Vers des deutschen Dramas. Im Blankvers äußert sich Faust nüchtern und vernünftig. Er reflektiert, argumentiert; er formuliert Bedingungen und Folgen seiner Handlungen.

Knittelverse liegen in zwei Formen vor: In ihrer strengen Variante haben sie vier Hebungen, reimen sich paarweise und bestehen aus 8 oder 9 Silben; der freie Knittelvers variiert in der Silbenzahl. Knittelverse sind volks- bzw. naturnah, wirken aber auch drollig und komisch.

Du lieber Gott! was so ein Mann
Nicht alles, alles denken kann!
Beschämt nur steh' ich vor ihm da,
Und sag' zu allen Sachen ja.
Bin doch ein arm unwissend Kind,
Begreife nicht, was er an mir find't. (V. 3211 ff.)

Gretchen spricht hier – was sich auch im freien Knittelvers widerspiegelt – als naives, unerfahrenes Mädchen; im starken Kontrast zum abgeklärten, deutlich älteren Faust. Gleichzeitig klingt Nostalgie mit: Gretchen wirkt wie ein treues, einfaches Kind aus einer längst vergangenen Zeit.

Paul Konewka: Margarethe und Faust

44

7 Goethes FAUST I – ein Drama der Weimarer Klassik?

Insgesamt gehört das Werk weder zu einer Gattung noch zu einer Epoche – ein typisches Merkmal von Weltliteratur. Dadurch, dass sich Goethe fast sein langes Leben über mit FAUST beschäftigt hat, nämlich rund 60 Jahre, umfasst es nicht nur eine, sondern Merkmale mehrerer Epochen (epochenübergreifend). Trotzdem lässt es sich wohl am ehesten der „Weimarer Klassik" zuordnen. Aber **klassisch im strengen und engen Verständnis der deutschen Literaturgeschichte ist das Stück nicht.** Denn Goethe hat große Teile – darunter die Gretchenhandlung – aus dem sehr viel älteren URFAUST übernommen und die für die Epoche des Sturm und Drang typische lockere Folge von Szenen beibehalten. Noch weitere Merkmale des Sturm und Drang finden sich in FAUST I wieder:

Mehr zur Epoche der Klassik ➤ siehe Kap. 11 (Glossar)

- bürgerliches Trauerspiel (Gretchenhandlung),
- Genie Faust (= Gelehrter),
- ständeübergreifende Liebe und Kindstötung.

Doch mit Umformung und Ausarbeitung vom URFAUST zum FAUST I werden Tendenzen sichtbar, die für den Klassiker Goethe charakteristisch sind. Diese werden im folgenden Kapitel aufgezeigt.

7.1 Typische klassische Elemente

Typische klassische Elemente

- der extrem gefährdete Mensch als prinzipielles Problem
- Psychologisierung der Hauptfigur
- Abschwächung der Katastrophe
- Vorspiel in drei Stufen

7.1.1 Vorspiel in drei Stufen

Der eigentlichen Handlung geht die Szene „Prolog im Himmel" voraus

Der eigentlichen Handlung geht eine distanzierte Reflexion voraus. „Der Herr" garantiert von Anfang an, dass die Handlung nicht heillos enden wird. Vielmehr muss sich Mephisto unterordnen, obwohl er nach außen hin Unruhe stiften will.

Mehr zum Begriff Harmonie ➤ siehe Kap. 11 (Glossar)

> *Und steh beschämt, wenn du bekennen mußt:*
> *Ein guter Mensch in seinem dunklen Drange*
> *Ist sich des rechten Weges wohl bewußt.* (V. 327 ff.)

Insgesamt wird ein Horizont der kosmischen Harmonie gebildet. Alles Sein ist und bleibt geordnet.

7.1.2 Abschwächung der Katastrophe

Im Vergleich zum URFAUST wird in FAUST I am Ende die Katastrophe der Handlung abgeschwächt. Im URFAUST urteilt Mephisto über Gretchen: „Sie ist gerichtet." Im FAUST I berichtigt sofort die „Stimme [des Herrn] von oben: Ist gerettet!" (V. 4611)

7.1.3 Psychologisierung der Hauptfigur

Faust verkörpert allgemeine Probleme der gesamten Menschheit. Seine Motive, aber auch seine unbewussten und triebhaften Spannungen werden sowohl symbolisch als auch widersprüchlich in Handlungen ausgedrückt.

Goethes Faust ist zwar mit Magie vertraut, kann aber damit nur schlecht umgehen. Er bereitet sich nicht richtig vor, sodass die Beschwörung des Makrokosmos-Zeichens misslingt. Der Erdgeist wird nicht erkannt.

Folgende Eigenschaften machen den Gelehrten Faust zu einer problematischen Figur: Er ist in der abstrakten Theorie neugierig, sehr empfänglich für die Genüsse und Freuden der realen Welt und setzt sich im Hinblick auf die eigenen Wünsche und Ziele (Erkenntnis, Lebenspraxis, Religion) keine Grenzen.

Goethes Figur Faust ist, so kann man sie zusammen-
fassend charakterisieren, ein genialischer Gelehrter des
16. Jahrhunderts und ein altmodischer Gelehrter des
18. Jahrhunderts. Die Mischung von Alt und Neu erzeugt
beim Publikum komisches Befremden und distanziertes
Mitleid – was vom wissenschaftskritischen Goethe durchaus beabsichtigt war.

7.1.4 Der extrem gefährdete Mensch – ein prinzipielles Problem

Faust ist in existenzieller Gefahr, nachdem er den Vertrag
mit Mephisto abgeschlossen hat. Er lebt nicht mehr ein
Leben, das auf reine Vernunft ausgerichtet ist, und ist
nicht mehr der nüchterne und pedantische Gelehrte. Er
verliert sich nicht länger in wissenschaftlichen Abstrak-
tionen. Mit dem Eintritt von Gretchen in Fausts Leben
führt Faust ein vernunftloses und menschenfeindliches
Dasein und wird von triebhafter Energie angetrieben (vgl.
Hexenküche und Zaubertrank). Durch seinen Wandel ist
Faust sogar bereit, menschliches Leben zu zerstören.

7.2 Tragödie – oder (auch) Komödie?

7.2.1 Komisches

Dem ernsten und schwermütigen Faust steht Mephisto als
Gegenspieler gegenüber. Dieser ist schalkhaft und schelmisch und spricht ironisch und zynisch mit vielen Schat-
tierungen. Er hat Humor und Witz, neckt und spottet
aber auch gern und verhöhnt seine Umgebung. Beispiele:

- Mephisto am Ende des „Prologs im Himmel":
  „Von Zeit zu Zeit seh' ich den Alten gern, / Und hüte
  mich, mit ihm zu brechen. / Es ist gar hübsch von
  einem großen Herrn, / So menschlich mit dem Teufel
  selbst zu sprechen." (V. 350–54)

*Mephisto reflek-
tiert – schelmisch
und selbstironisch
– die freundliche
Gelassenheit
„des Herrn" im
Gespräch*

- Mephisto im Gespräch mit dem Schüler:
  „So wird's Euch an der Weisheit Brüsten /
  Mit jedem Tage mehr gelüsten". (V. 1892f.)

Sexistische Über-
treibung in Bezug
auf die Wirkung
von Erkenntnis

- Nochmals Mephisto zum Schüler:
  „Gebraucht der Zeit, sie geht so schnell von hinnen, /
  Doch Ordnung lehrt Euch Zeit gewinnen. / Mein
  teurer Freund, ich rat' Euch drum / Zuerst Collegium
  Logicum. / Da wird der Geist Euch wohl dressiert, /
  In spanische Stiefeln eingeschnürt, / Daß er bedäch-
  tiger so fortan / Hinschleiche die Gedankenbahn".
  (V. 1908–15)
- Die Saufbrüder in „Auerbachs Keller in Leipzig":
  „Uns ist ganz kannibalisch wohl, / Als wie fünfhundert
  Säuen". (V. 2293 f.)
- Mephisto im Gespräch mit Frau Marthe:
  „Ihr Mann ist tot und läßt sie grüßen". (V. 2916)

Selbstironische
Kritik des eigenen
schlechten Ver-
haltens

- Mephisto erneut zu Frau Marthe:
  „Nun mach' ich mich beizeiten fort! / Die hielte wohl
  den Teufel selbst beim Wort". (V. 3004 f.)

Mehr zu Mephisto
➤ siehe Glossar

Mephisto ist oft der Gegenpol zu der häufig problemori-
entierten, zur Abstraktion neigenden Handlung, deren
Träger Faust ist.

7.2.2 Tragisches

Die beiden tragischen Figuren im Drama sind Faust und
Gretchen. Tragisch ist Faust deshalb, da er zum einen sein
Leben lang scheitert und zum anderen seine Geliebte in
die Tragödie führt. Gretchen wird unschuldig schuldig
und damit ebenfalls zur tragischen Figur.

Faust und
Gretchen sind die
tragischen Figuren
des Dramas

Faust lebt sein Leben lang eine gescheiterte Existenz.
Er verfolgt zwar beste Absichten, ruft aber unlösbare
Auseinandersetzungen hervor. Er führt sich selbst an die
äußersten Grenzen menschenmöglichen Erkennens. Dar-

über hinaus verführt er sich zu einem menschenunmöglichen Leben und muss die Sehnsucht nach erhellender und sinnvoller Erkenntnis unerfüllt erleiden. Er versucht vergeblich, Gott ähnlich oder sogar gleich zu werden.

Gretchen lässt sich aus Liebe zu Faust zum Bösen und zum Mord verführen. Es scheitert bei der Loslösung von traditionellen Sozialnormen und kann nach dem Verlust der Familie (Mutter, Bruder, Kind) nicht mehr leben.

Die Gretchenhandlung beinhaltet das Problem der Emotionalität und Sinnlichkeit in einer starren Gesellschaft; das ist das Problem der Emanzipation des Bürgertums.

Die Figur des Gretchen ist lieblich gestaltet und gilt als das schuldlos verführte junge Mädchen.

- **Klassisch** ist FAUST I insofern, als der in Weimar etablierte Goethe in seinem ab 1773 bereits in Teilen ausgearbeiteten Sturm-und-Drang-Stück ‚klassische' Tendenzen einfließen lässt. Drei Tendenzen sind insbesondere anzuführen:
  - die distanzierte Reflexion über die Welt im „Vorspiel",
  - die Katastrophe am Ende wird abgeschwächt,
  - die problematische Hauptfigur Faust wird symbolisch und generell psychologisiert.
- Das **Drama hat zwar ein tragisches Fundament** und endet katastrophal, enthält aber auch deutlich komische Elemente. **Insgesamt gleicht das Stück Tragisches und Komisches aus**.
- Tragische Figuren sind Faust und Gretchen, komische Züge zeigt Mephisto. Seine – durchaus böswillige – Leichtigkeit im Sprechen und Handeln lockert sozusagen die abstrakte und anspruchsvolle Schwere der eigentlichen Handlung auf.

Katastrophe: Gretchen wird sterben, doch dessen Seele ist „von oben" gerettet; Fausts Schicksal bleibt ungewiss

8 Analyse zentraler Szenen

Die „Zueig-
nung" sei der
„Quellpunkt"
des Dramas
(Ulrich Gaier)

8.1 „Zueignung" (Szene 1, V. 1–32)

Der Dichter – das hier sprechende Ich – teilt mit, wie selbstbewusst er inzwischen ist: Endlich hat er das fragmentarische Drama beenden können. Die Vergangenheit mit ihren unfertigen Vorstellungen über Figuren und Handlung ist vorbei.

Der Dichter widmet sich selbst das abgeschlossene und zugleich neue Drama. Der feierlich wirkende Text entwickelt die inneren Voraussetzungen für die verspätete Wiederaufnahme der Arbeit am FAUST und rechtfertigt, warum der Dichter sich erneut seinem Werk zuwendet. Die Szene enthält künstlerische Grundsätze des Dichters und lässt erkennen, dass „der alternde Dichter die Neubegegnung mit dem Stoff seiner Jugend als eine Möglichkeit der Verjüngung" (Jochen Schmidt) empfindet.

Die Szene „Zueignung" bezieht sich somit deutlich auf den Dichter des FAUST I und damit auf Goethe selbst. Schon am Anfang des Dramas zeigt sie dessen Selbstbewusstsein: Der Dichter ist die repräsentative Gestalt der eigenen Epoche, der Klassik.

Mehr zur Klassik
➤ siehe Kap. 11
(Glossar)

Das strenge Herz, es fühlt sich mild und weich;
Was ich besitze, seh' ich wie im Weiten,
Und was verschwand, wird mir zu Wirklichkeiten.
(V. 30 ff.)

8.2 „Vorspiel auf dem Theater" (Szene 2, V. 33–242)

Das Stück ist noch nicht fertig und stimmig, aber das Publikum wartet auf den Beginn der Vorführung. Drei dramaturgische Poetiken werden – in bewusst grotesker Übertreibung – vorgetragen.

Eine Poetik ist
eine Theorie über
Wesen und Aufga-
ben von Dichtung

Die Poetik des Theaterdichters (V. 140–157) und die Poetik der „Lustigen Person" – eines komischen Schau-

spielers – (V. 158–83) sind jeweils in dreifacher Polarität
aufgebaut.

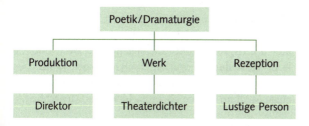

Der *Direktor* wünscht sich finanziellen Erfolg durch ein
volles Haus mit einem zufriedenen Publikum (V. 49–56).
Er hält ein Drama für gelungen, wenn es dem Publikum
gefällt (V. 90). Folgende Erfolgsfaktoren sind für ein Theaterstück wichtig: die Handlung (V. 239–42), Anschau-
lichkeit, Sinnlichkeit und Wirklichkeit; aber auch tech-
nische Perfektion durch die Verwendung von Effekten
(V. 233–38).

Das Stück soll einen „Sitz im Leben" haben, also real sein

Die *Lustige Person* glaubt, für einen Dichter entwickle
sich Leben aus einer dialektischen Spannung zwischen
gezeigter Kraft und bewusstem Ziel; daraus sei ein „Roman" (V. 165) des Lebens zu machen (V. 158–165). Sie
hält ein solches Stück dann für gelungen, wenn es diesen
„Roman" so interessant reflektiert, dass sich das Publikum dadurch bilden kann (V. 166–179). Das Publikum
vereinigt erstens Leben und zweitens Reflexion, denn es
ist für Dichtung empfänglich (V. 180–83).

Dichtung als „Lebensmittel" (Ulrich Gaier)

Der *Theaterdichter* orientiert sich an antiken Vorstellungen: Der Dichter verfügt über magische Kräfte, mit denen
er literarische Stoffe rhythmisch ordnen und harmonisch
verbinden kann (V. 140–149). Er lässt Natur und Seele
entsprechen und macht mit nachhaltigem Erfolg den Stoff
bedeutend und wertvoll, indem er ihn dem Publikum in

seiner Wichtigkeit kommuniziert (V. 150–55). Der Dichter schafft Ordnung, stiftet Sinn und sichert das Göttliche im Stoff: „Wer sichert den Olymp? vereinet Götter? / Des Menschen Kraft, im Dichter offenbart." (V. 156 f.)

Der Mensch als Dichter projiziert seine höchsten und besten Fertigkeiten und Fähigkeiten, seine Werte und Ziele in Vorstellungen von einer olympischen (göttlichen, harmonischen) Überwelt. So wird der Dichter das bevorzugte Medium für die höchsten Ideale der Menschheit.

Mehr zum Begriff Harmonie ➤ siehe Kap. 11 (Glossar)

8.3 „Nacht" (Szene 4, V. 354–807)

Die Szene besteht aus sieben Teilen:

Die Zahl Sieben spielt eine besondere Rolle im Drama, gliedern sich doch fast alle nachfolgend analysierten Kapitel in sieben Teile

1 Faust führt sich als Figur selbst ein. Als verzweifelter Wissenschaftler geht er mit sich selbst ein zum Scheitern verurteiltes Experiment ein, indem er sich der Magie hingibt (V. 354–85).

2 Faust spricht mit sich selbst. In seiner Sehnsucht nach Erkenntnis ist er gespalten zwischen dem unmittelbar lebendigen Zugang durch Erfahrungen und dem logisch-sprachlichen Zugang durch Reflexion (V. 386–429).

3 Faust versucht, mit dem Makrokosmos-Zeichen die magisch vermittelte Erkenntnis zu erreichen. Dabei scheitert er, denn durch seine Reflexionen über den eigenen inneren Zustand verfehlt er die Endstufen in der Magie (V. 430–59).

Mehr zum Erdgeist ➤ siehe Kap. 11 (Glossar)

4 Faust versucht, sich dem Erdgeist anzunähern – ohne Erfolg, denn er schätzt den Weltenschöpfer fälschlich als Erddämon ein (V. 460–521).

5 Wagner tritt auf und verwickelt Faust in wissenschaftliche Gespräche. Dieser zeigt sich skeptisch und tadelt den aktuellen Wissenschafts- und Fortschrittsoptimismus (V. 522–605).

6 Faust äußert sich melancholisch und enttäuscht: Das menschliche Leben ist von nutzlosen Sorgen belastet und befriedigt keine Hoffnungen. Er selbst ist nicht in der Lage, einmal erreichte Erkenntnis zu bewahren und wie Gott zu sein (V. 606–85).

7 Faust spricht mit dem Gift und mit den Tönen des Osterspiels. Wiederum scheitert er bei dem Versuch, sich vom lästigen Körper zu befreien und „in reine Tätigkeit oder ins Nichts hinüberzufließen" (Ulrich Gaier). Faust erinnert sich an seine Kindheit. Damals war er noch von Hoffnung, Liebe und Glauben erfüllt (V. 686–807).

Die Szene ist ein Expositionsmonolog; nur Faust spricht über sein Leben. Das Publikum erfährt den „Angriffspunkt für Mephisto und Ausgangspunkt für die eigentliche Dramenhandlung" (Ralf Sudau).

Die Hauptfigur führt sich am Anfang der Handlung selbst ein. Sie spricht alleine, andere Figuren fehlen

Faust steckt in einer gefährlichen Situation:

■ sein Drang nach Wissen und Erkenntnis ist ungebremst; zwar hat er die wichtigsten Fächer ausführlich studiert, doch er erkennt, „daß wir nichts wissen können" (V. 364);

■ Faust vermisst den handfesten Bezug von abstraktem Wissen zu Natur und Welt: „Wo fass' ich dich, unendliche Natur?" (V. 455);

■ er glaubt nicht (mehr) an den christlichen Gott (V. 765);

■ er macht sich keine Hoffnungen in Bezug auf die eigenen pädagogischen Fertig- und Fähigkeiten: „Bilde mir nichts ein, ich könnte was lehren, / Die Menschen zu bessern und zu bekehren" (V. 372 f.);

■ er hat überhaupt keine Freude am / im Leben (V. 370);

■ er hat weder Vermögen, noch verfügt er über Ansehen: „Auch habe ich weder Gut noch Geld," / Noch Ehr und Herrlichkeit der Welt" (V. 374 f.).

Fausts visionäre Sehnsucht aber ist nach wie vor unge-
stillt. Er will die Grenzen, die den Menschen umgeben,
durchbrechen und wie Gott alles erkennen und wissen.
Das ganze Leben aller Menschen will er erfahren: das Unendliche im Endlichen, das Unbegrenzte im Begrenzten,
das Unbedingte im Bedingten.

**Faust zeigt mit seinen Ansprüchen eine verschrobene
und anmaßende Hybris (Selbstüberhebung).**

8.4 „Studierzimmer I" (Szene 6, V. 1178–1529)

Faust wird vom
trockenen Wis-
senschaftler zum
abenteuerlustigen
Lebemann

Beide Studierzimmer-Szenen I und II zeigen eine Über-
gangssituation, in der sich Faust befindet. Er ist so melancholisch, dass er die einsame Wissenschaft aufgibt, um
sich mit Mephisto in das volle Leben zu stürzen.

Die erste „Studierzimmer"-Szene hat sieben Teile:

1 Faust äußert aufgeklärte Frömmigkeit
   (V. 1178–1209).
2 Er versucht, den berühmten Anfang des Johannes-
   Evangeliums in treffendes und praktisches Deutsch zu
   übersetzen (V. 1210–37).
3 Er beschwört den Pudel im Raum mit alter Magie
   (V. 1238–1321).
4 Mephisto verwandelt sich aus dem Pudel in die
   Gestalt eines Menschen und stellt sich Faust vor
   (V. 1322–84).
5 Mephisto zeigt sich gefangen durch das veraltet-
   altmodische Verfahren der Magie (V. 1385–1446).
6 Der Geisterchor weckt mit seinem Gesang in Faust die
   unterdrückten Kräfte der Natur (V. 1447–1505).
7 Mephisto zeigt sich in neuer Gestalt. Auf der Bühne
   wird dessen Wirkung auf Faust sichtbar; dieser schläft
   ein (V. 1506–29).

Faust übersetzt λόγος (lógos) nicht mit „Wort" (V. 1224), sondern zuerst mit „Kraft" (V. 1233), dann sogar mit „Tat" (V. 1237). Mit der willkürlichen Übersetzung des heilsgeschichtlichen Schlüsselbegriffs λόγος zeigt Faust auch, wie unsicher und wankelmütig er momentan ist.

Mit seinen magischen Zaubersprüchen (V. 1273–1321) ist eine dramaturgische Funktion verbunden, denn es wird Spannung erzeugt und Mephisto wird als unheimliche Erscheinung angekündigt.

Im „Studierzimmer I" zwingt Faust Mephisto zur Enthüllung seines Wesens. Die Szene hat – funktional betrachtet – drei Dimensionen:

1. Mephisto bezeichnet sich als einen „Teil" (V. 1335).
2. Er handelt zerstörerisch (V. 1343).
3. Seine „Ideologie" fußt auf „einem reduktionistischen Materialismus, der alles Ideale auf Physisch-Materielles, alles Geistige und Seelische auf den ‚Körper' zurückführt" (Jochen Schmidt).

Mephisto verkörpert also nicht unbedingt irgendeinen altmodischen Teufel oder Satan, sondern den destruktiven/negativen Faust:

positiver Faust	Mephisto (negativer Faust)
Drang nach Einheit	Partikularisierung
Streben nach Ganzheit	Atomisierung
Kreativität	Zerstörung
Sehnsucht nach Hohem	Reduzierung
Erfahrung von Harmonie	Materialismus

Indem sich Mephisto mit Faust verbindet, zeigen sich dessen Widersprüchlichkeit und Veranlagung zur Selbstzerstörung.

8.5 „Studierzimmer II" und die Wette (Szene 7, V. 1530–2072)

Die Szene umfasst sieben Teile:

1 Faust ist melancholisch und wünscht sich, tot zu sein (V. 1530–78).

2 Er verflucht Werte und Tugenden, die durch den Chor der Geister gedeutet werden (V. 1579–1626).

3 Mephisto bietet Faust seine Dienste an, sofern dieser auf dessen Bedingung eingeht (V. 1627–71).

4 Faust und Mephisto vereinbaren einen Vertrag (V. 1672–1740).

5 Faust „verspricht" sich Mephisto; er erläutert die eigenen Lebensziele (V. 1742–1867).

6 Mephisto verkleidet sich als Wissenschaftler Faust und verulkt einen wissbegierigen Studienanfänger (V. 1868–2050).

7 Mephisto und Faust planen die große Reise in die weite Welt des Lebens und seiner Genüsse (V. 2051–72).

Mehr zum Vertrag ➤ siehe Oldenbourg Interpretation zu FAUST I und FAUST II (Kapitel 8)

Im Gegensatz zur ersten „Studierzimmer"-Szene zeigt sich Faust „hellwach, durch den Misserfolg im Festhalten Mephisto[phele]s kämpferisch und listenreich" (Ulrich Gaier).

Mephisto dagegen ist nicht mehr konzentriert; glaubt er doch, mit Faust einen günstigen Vertrag geschlossen zu haben. Allerdings hat er dessen verklausulierte Bedingungen gar nicht richtig erfasst.

Insofern kann auch „der Herr" ganz gelassen den Vertragsverhandlungen folgen

Der Vertrag mit dem Teufel besteht – eigentlich – aus drei rituellen Schritten:

1.	Verfluchung	(V. 1579–1626)
2.	Vereinbarung (Vertrag)	(V. 1672–1740)
3.	Versprechung (Promission)	(V. 1741–1867)

Mephisto nennt die **eigentliche Vertragsformel:**

Ich will mich hier zu deinem Dienst verbinden,
Auf deinen Wink nicht rasten und nicht ruhn;
Wenn wir uns drüben wiederfinden,
So sollst du mir das gleiche tun. (V. 1656 ff.)

Entscheidend für das Verständnis ist das Wort „Wenn"
(V. 1658). Mephisto unterstellt dem Wort einen temporalen Sinn – und deutet es damit falsch. Denn erinnert man
sich an den „Prolog im Himmel" (V. 325), dann ist klar,
dass die Vertragsbindung an den Teufel nicht unweiger-
lich den Verlust der Seele mit sich bringen muss.

Bedeutung von „Wenn" (V. 1658)

Vielmehr muss das ausdrücklich am Satzanfang stehen-
de „Wenn" einen konditionalen Sinn haben. Denn von
Fausts Verhalten hängt dessen Verdammung oder Rettung
ab.

„Wenn" = ‚falls überhaupt'

Allein unter *einer Bedingung* kann Fausts Seele verloren gehen: Mephisto müsste es gelingen, Faust vollständig
und ganz zu verderben. Diese Bedingung wird sich aber
nie erfüllen.

Weil Faust seinen eigenen Charakter gut einschätzen
kann, nennt er Mephisto folgende Voraussetzung: „Werd'
ich beruhigt je mich auf ein Faulbett legen, / So sei es
gleich um mich getan!" (V. 1692 f.)

Faust hält zwar die Form des Vertrages mit dem Teufel
ein, unterläuft aber dessen Inhalt, dessen ‚Geist': Er führt
die Vertragsverhandlungen eigenmächtig durch und er-
laubt Mephisto nur „die Rolle eines Sparring-Partners"
(Ulrich Gaier). Er kontrolliert die Zeit des eigenen Lebens
und kann sich sogar feinste Genüsse erfüllen. Er bleibt
aber rastlos und ohne Ruhe und verliert beim Handeln
jede Spontaneität. Schließlich ist sich Faust immer bewusst, dass er unglücklich ist und bleibt.

Faust diktiert die Bedingungen des Vertrages, nicht Mephisto

Exkurs: vom Teufelspakt zur neuen ‚Wette'

Goethe hat die in der Faustsage vorgegebenen Vertragsverhandlungen zwischen Faust und Mephisto umgestal-
tet. Schon in der Szene „Studierzimmer I" spricht Faust
beiläufig von einem „Pakt" (V. 1414). Mephistos Angebo-
te (V. 1656–1659)

- entsprechen ungefähr den Bedingungen eines
  Teufelspakts – so, wie er in der Faustsage vorgegeben
  ist;
- folgen dem Vertragsmuster insofern, als ein Vertragspartner (Vertragsbündner) sich mit der Blutunter-
  schrift verpflichtet. Der Teufelsbündner verschreibt
  sich selbst für die ihm begrenzte Dienstzeit auf der
  Erde, zu der sich der Teufel verpflichtet, nach dem
  Tode mit Leib und Seele auf alle Ewigkeit.
- beschränken sich nicht auf die stofflich vorgegebenen
  24 Jahre Dienstzeit;
- kaschieren mit den Wörtern „hier" und „drüben" die
  temporalen Dimensionen von irdischer Zeitlichkeit
  und jenseitiger Ewigkeit.

**Aus dem Teufels-
pakt wird eine
Wette**

Faust zeigt sich zwar vertragsbereit – doch nur in der
Form einer unsymmetrischen *Wette*. Diese freilich weicht
vom traditionellen Muster des bekannten Teufelspakts
deutlich ab: **Mephisto soll jetzt Faust zwar Dienstleistungen erweisen. Aber ob er dafür auch belohnt wird, bleibt
offen.** Die entscheidende Frage lautet: Wird Faust überhaupt zur Gegenleistung verpflichtet?

Faust und Mephisto besiegeln als Vertragspartner ihre
Wette mit dem Ritual des Handschlags (V. 1698). Danach
folgt die undeutliche Auslegung der Bedingungen durch
Faust, die Mephisto akzeptiert (V. 1707).

Insbesondere das vier Mal wiederholte „Dann"

(V. 1701–1704) ist – und bleibt – unklar. Folgende Fragen werden aufgeworfen:

- Wird der zum Augenblick gesagte Satz dazu führen, dass Faust sein Leben bald beenden muss?
- Wird Fausts momentaner Zustand ihn „drüben" zum Knecht des Teufels machen?
- Ist lediglich das Ende von Mephistos Dienstzeit gemeint?
- Bezeichnet die – logisch gesehen – vieldeutige Partikel „hier" den Umschlag des Herr-Knecht-Verhältnisses?

Sowohl Wort als auch **Sinn dieser Wette zwischen Faust und Mephisto**
- müssen einerseits im Szenenkontext, andererseits in Bezug auf den „Prolog im Himmel" betrachtet werden;
- sind nicht nur mehrdeutig, sondern in sich sogar widersprüchlich;
- sind – im endgültigen Text – trotz ihrer Undeutlichkeit sinnvoll; denn Faust und Mephisto finden irgendwie zu einem (unscharf) formulierten Vertrag, obwohl sie unterschiedliche Vorstellungen und Absichten haben.

8.6 „Wald und Höhle" (Szene 17, V. 3217–3373)
Die Szene besteht aus sieben Teilen:
1 Faust dankt überschwänglich dem Erdgeist (V. 3217–39).
2 Er lehnt das Leben der Theorie und Abstrahierung ab (V. 3240–50).
3 Mephisto kommt hinzu. Sein Auftritt bewirkt, dass sich Faust und er die erste scharfe Auseinandersetzung liefern (V. 3251–56).
4 Mephisto zeigt, dass Faust sich selbst täuscht (V. 3257–3302).
5 Mephisto berichtet Faust, dass sich Gretchen nach sexueller Liebe sehnt (V. 3303–23).
6 Faust fühlt sich gedemütigt. Er flüchtet sich in beleidigende rhetorische Phrasen (V. 3366–73).

7   Mephisto kommentiert Fausts Hilf-, Sprach- und
    Tatenlosigkeit in gewohnter Ironie (V. 3366–73).

Dramaturgische
Funktion der Szene
„Wald und Höhle" **Die Szene bildet den Mittel- und Scheitelpunkt der Gret-chenhandlung.** Faust denkt darüber nach, wie sehr er in Hinblick auf die Liebe zu Gretchen gespalten ist. Seine Reflexion über sich selbst wird zur Selbsterkenntnis. Die Szene ist dramaturgisch so wirksam, dass sich auch das Publikum von der Hauptfigur Faust und der aktuellen Handlung (Fausts Liebe zu Gretchen) distanziert.

Die Szene steht auch im Zusammenhang mit der „Nacht"-Szene. Denn Faust dankt dem Erdgeist dafür, dass ihm „die herrliche Natur" (V. 3220) enthüllt worden ist – gerade im Genuss von Gretchens liebevoller Hinga-be. Er fühlt sich als Mitglied in der „Reihe der Lebendi-gen" (V. 3225) gleichzeitig auch als Teil genau dieser Na-tur und kommt in diesem Umfeld dem Göttlichen näher: „Du gabst zu dieser Wonne, / Die mich den Göttern nah und näher bringt" (V. 3241 f.).

Mephisto hält Faust mit Recht Verlogenheit und Selbst-täuschung vor:

Und kurz und gut, ich gönn' Ihm das Vergnügen,
Gelegentlich sich etwas vorzulügen;
Doch lange hält Er das nicht aus.
Du bist schon wieder abgetrieben,
Und, währt es länger, aufgerieben
In Tollheit oder Angst und Graus! (V. 3297 ff.)

Faust – so tadelt Mephisto mit Recht – hat nur *theoretisch* die Kraft, um zu fühlen und um zu genießen: Er flieht *tat-sächlich* vor Liebe und Leid – beides könnte er zusammen mit Gretchen erleben. Dafür kann er die Verantwortung nicht übernehmen.

Sie hat dich übermächtig lieb.
Erst kam deine Liebeswut übergeflossen,

60

Wie vom geschmolznen Schnee ein Bächlein übersteigt;
Du hast sie ihr ins Herz gegossen,
Nun ist dein Bächlein wieder seicht. (V. 3306 ff.)

Faust gerät in eine gefährliche Situation. Sein Leben an der Seite von Mephisto ist nicht mehr auf die egoistische Triebbefriedigung beschränkt, sondern verlangt konkrete und verantwortungsvolle Taten. Sein Schicksal führt ihn in die „Walpurgisnacht" und in den „Kerker". **Faust in seiner entscheidenden Krise**

8.7 „Marthens Garten" (Szene 19, V. 3414–3543)

Die Szene ist in sieben Teilen gegliedert:

1 Gretchen fragt Faust nach dessen Haltung zur Religion (V. 3414–3422).
2 Gretchen fragt ihn, wie stark sein Verlangen nach den Sakramenten ist (V. 3423–3425).
3 Das Mächen fragt ihn nach seinen Glauben an Gott (V. 3426–3468).
4 Gretchen tadelt Faust, weil er mit Mephisto zusammen ist (V. 3469–3501).
5 Faust und Gretchen vereinbaren eine gemeinsame Nacht (V. 3502–3520).
6 Faust setzt sich mit Mephisto über die Beweggründe von Gretchens Fragen auseinander (V. 3521–3533).
7 Mephisto weist Faust auf Gretchens körperliche Sensibilität hin; mögliche religiöse Skrupel tut er ab (V. 3534–3543).

Die Szene enthält das berühmte ‚**Religionsgespräch**'. Gretchen stellt treffend fest, dass der Liebhaber Faust „kein Christentum" (V. 3468) hat. Dennoch überwindet das gläubige und religiöse Mädchen seine Bedenken. Es toleriert sogar, dass Faust mit Mephisto befreundet ist, obwohl es in diesem den Teufel erkennt (V. 3488–3493). Gretchen zeigt sich als Mädchen, das unbedingt liebt. **Gretchens bedingungslose Liebe**

Deshalb ist es einverstanden, als Faust ihm den Schlaftrunk für die Mutter aushändigt, damit er und Gretchen eine gemeinsame Liebesnacht verbringen können.

Retardierende
Funktion der
Szene

Dramaturgisch wirkt die Szene retardierend; die Handlung stockt, weil hier **noch nicht entschieden ist, ob sich das Mädchen tatsächlich seinem Liebhaber hingeben wird und damit die Katastrophe ihren Lauf nimmt.**

8.8 „Walpurgisnacht" (Szene 24, V. 3835–4220)

Auch diese Szene umfasst sieben Teile:

1 Mephisto und Faust besteigen gemeinsam den Gipfel des Brocken; bei ihnen ist das Irrlicht (V. 3835–3955).

2 Hexen füllen die Luft, indem sie tollkühn und gefährlich auf Gabeln, Besen und Böcken reiten (V. 3956–4015).

3 Im Vordergrund zeigen sich kleine Gruppen des Hexenvolks. Faust und Mephisto gehen von Feuer zu Feuer (V. 4016–4117).

4 Faust und Mephisto geraten in den orgiastischen Tanz, den nackte Hexen und Teufel aufführen, und tanzen mit (V. 4118–4157).

5 Faust und Mephisto werden in ihrem wilden Tanzvergnügen gestört (V. 4158–4175).

6 Faust ekelt sich vor der roten Maus, die aus dem Mund seiner Tanzpartnerin springt. Er wendet sich einer Frauengestalt zu, die beim Galgen steht: Gretchen (V. 4176–4209).

7 Mephisto lenkt Fausts Aufmerksamkeit auf das Dilettantentheater. Dort stehen als Zuschauer nur zwei Männer mit Hüten im Schatten (V. 4210–4222).

Die Szene bezieht sich komplementär auf die Szene „Prolog im Himmel". Mephisto versucht – erfolglos –, Faust zum vollen Genuss der prallen Liebe zu verführen. Faust nämlich ist „das entscheidende Wettobjekt im fortgehenden Kampf zwischen Himmel und Hölle" (Ulrich Gaier). **Doch die satanische Verführung gelingt nicht. Denn Faust lässt sich auch durch orgiastisch-sexuellen Genuss nicht betrügen.**

Die Szene „Walpurgisnacht" spiegelt den „Prolog im Himmel"

8.9 „Walpurgisnachtstraum"
(Szene 25, V. 4223–4398)

Dieses ‚Zwischenspiel' gehört zu den merkwürdigsten Szenen deutscher Literatur, da sie schwierig zu deuten und einzuordnen ist. Folgende Aussagen zu der Szene gelten als sicher. Die Szene

Die „Walpurgisnacht" ist schwer in das Drama einzuordnen

- enthält ästhetische, erkenntnistheoretische und gesellschaftskritische Aussagen,
- behandelt die grundlegenden Themen des FAUST I „in einer anderen, unspielbaren und nicht von den gewaltigen Bildern des Stücks getragenen Form" (Ulrich Gaier),
- reflektiert als künstlich und dilettantisch geschriebenes und aufgeführtes Drama im Drama das kunstvolle dramatische Stück,
- dient als thematische Verdichtung der Handlung insgesamt,
- bezieht sich auf die Szene „Hexenküche" und geht damit auf den Anfang der Gretchenhandlung zurück.

Im „Walpurgisnachtstraum" wird die Liebeshandlung zwischen Faust und Gretchen negativ kommentiert. Diese Liebe muss tragisch scheitern – auf Grund von sozialen Hindernissen, Missverständnissen und falschen Vorstellungen.

Dramaturgische Funktion der Szene

Die Handlung von Pyramus und Thisbe aus Shakespeares SOMMERNACHTSTRAUM könnte eine interpretatorische Folie sein. Dann wäre der „Walpurgisnachtstraum" die Umkehrung ins Negative: Die Harmonie zwischen Natur und Gesellschaft wird nicht mehr hergestellt, die heilende Macht des Eros ist gebrochen.

9 Abituraufgaben mit Lösungsvorschlägen

In diesem Kapitel werden vier Aufgabentypen vorgestellt, die auf FAUST I im Abitur vorbereiten und unterschiedliche Anforderungen an Sie stellen. Im Anschluss an jede Aufgabe wird jeweils ein Erwartungshorizont angeführt. Dieser ist zweigeteilt: Die **Mindestanforderungen** stehen für eine ausreichende Leistung (ab 4 Punkten), die **darüber hinausgehenden Erwartungen** decken die obere Notenskala ab (,gut'). Bei diesen Lösungsvorschlägen handelt es sich um gedankliche Entwürfe, die noch erläutert und am Text belegt werden müssen.

> Es gibt keine allgemeingültigen, sondern nur subjektive Lösungen

9.1 Analyse der Szene „Nacht" (Szene 27)
(textimmanente Aufgabe)

Aufgabenstellung
1. Benennen Sie die Teilszenen der Szene „Nacht" (V. 3620–3775).
2. Ordnen Sie die Szene in den Gang der Handlung ein.
3. Der tödlich verletzte Valentin spricht kurz vor dem Tod von „Ehre" (V. 3772): Erläutern Sie kritisch Valentins Begriffsverständnis, das er in der Auseinandersetzung mit der Schwester entwickelt (vgl. V. 3726–3763).

Operatoren „Benennen Sie", „Ordnen Sie ein", „Erläutern Sie kritisch"

> Operatoren sind Imperative, die eindeutig den Arbeitsauftrag signalisieren

Was wird erwartet? Sie müssen die vorgelegte Szene gliedern: Sie erkennen am Textverlauf, dass sich die Handlung an ganz bestimmten Stellen verändert. Damit die Bedeutung der Szene herausgestellt werden kann, muss sie anschließend in den dramatischen Zusammenhang gebracht werden. Dies setzt voraus, dass Sie über alle Szenen und ihre Bedeutung im Stück generell genau Bescheid wissen.

Abschließend müssen Sie zunächst Valentins Verständnis von Ehre in Bezug auf das Verhalten der Schwester Gretchen nachvollziehbar darstellen und dann zusammenhängend bewerten – zweifelsohne die anspruchsvollste Leistung der drei Aufgaben, die dadurch überzeugend wird, wenn sie auf Valentins Oberflächlichkeit und Äußerlichkeit eingeht.

Tipp: Beantworten Sie immer die W-Fragen

Mindestanforderungen

Aufgabe 1: Benennung der Teilszenen (7 Stück)

1 Valentin spricht von Gerüchten: Die Schwester pflege Liebschaften. Er nimmt zwei Gestalten wahr, die sich nähern (V. 3620–49).

2 Faust und Mephisto sind auf dem Weg zu Gretchen (V. 3650–3681).

3 Mephisto singt zur Zither ein „moralisch Lied" (V. 3680). In ihm wird die Liebe verhöhnt (V. 3682–97).

4 Valentin tritt ihm und Faust entgegen. Er zerbricht das Instrument und will gegen Mephisto losgehen. Die Männer kämpfen kurz, hitzig, mit Stichwaffen. Faust trifft Valentin, worauf dieser zusammenbricht. Mephisto und Faust fliehen (V. 3698–3715).

5 Auf den Lärm hin wird Valentin von Gretchen auf der Straße vor dem Elternhaus aufgefunden. Auch Marthe und andere Leute versammeln sich bei dem Verletzten (V. 3716–21).

6 Valentin prangert vor den Leuten die Schwester als „Metze" an (V. 3722–63).

7 Er weist Marthe und Gretchen ab. Valentin stirbt (V. 3764–75).

Aufgabe 2: Einordnung der Szene in den Gang der Handlung

Die Szene ist zwischen die „Zwinger"-Szene und die „Dom"-Szene eingefügt. Mit ihr endet vorerst die Handlung. In Szene 24 beginnt die „Walpurgisnacht" und in nur drei Szenen läuft die Handlung auf die Katastrophe zu.

Durch die Szene wird Gretchens Leid weiter vertieft: Es verliert den letzten Angehörigen der eigenen Familie. Der Bruder ächtet die Schwester; er verdammt sie für ihre Umwelt und für ihre Mitmenschen. Faust, Gretchens heimlicher Liebhaber, macht sich insofern schuldig, als er Valentin ermordet. Gleichzeitig verlässt Faust Gretchen, ohne ihm beizustehen oder zu helfen.

Aufgabe 3: Kritische Erläuterung von Valentins Begriffsverständnis

Valentin begreift Ehre als ausschließlich äußere Wertschätzung. Wird die Ehre verletzt, ist das eigene Sozialprestige empfindlich getroffen. Insofern handelt Valentin selbstgerecht. Er muss die unbefleckte Reinheit eines weiblichen Familienmitglieds bewahren, das noch nicht verheiratet ist. Nach seinen Vorstellungen muss die Schwester „die Zier vom ganzen Geschlecht" (V. 3636) sein. Gretchen lebt seiner Meinung nach nicht so, dass es von anderen Menschen geschätzt, d.h. geehrt werden kann. Valentin zeigt kein Mitleid, sondern insgesamt nur ein einseitiges Verständnis von Ehre.

Darüber hinausgehende Erwartungen

Aufgabe 1: Benennung der Teilszenen (ergänzende Aussagen)

Die Szenen besteht aus sieben Teilen:

1 Die Liebschaften der Schwester werden heimlich und verboten gepflegt. Die Gerüchte belästigen Valentin (V. 3620–49).

3 In Mephistos Lied wird die bürgerliche, eheliche Liebe
   verhöhnt (V. 3682–97).
4 Valentin hört Mephisto zu und wird zornig.
   Faust tötet Valentin unter Beihilfe Mephistos
   (V. 3698–3715).
5 Der Schwerverletzte wird aufgrund des Lärms auf der
   Straße von Gretchen und Marthe entdeckt. Marthe
   ruft vergeblich nach den Mördern, Gretchen erkennt,
   dass ihr Bruder das Opfer ist (V. 3716–22).
6 Valentin fühlt den nahen Tod, prangert vor den Leuten die Schwester als „Metze" (3753) an und verflucht
   sie (V. 3722–63).
7 Valentin zeigt sich unversöhnlich und rigoros. Dennoch empfehlen ihm beide Frauen im Angesicht des
   Todes, auf böse Nachrede zu verzichten und auf
   Gottes Gnade zu hoffen (V. 3764–75).

Aufgabe 2: Einordnung der Szene in den Gang der Handlung (ergänzende Aussagen)
Mit Szene 22 endet vorerst die Handlung, deren Hauptfigur Gretchen ist. Szene 24 („Walpurgisnacht") unterbricht
die Gretchenhandlung.

Danach läuft die Handlung in nur drei Szenen – „Trü-
ber Tag. Feld"; „Nacht. Offen Feld"; „Kerker" – auf die
Katastrophe zu: Gretchen wartet als schuldig gesprochene
Kindsmörderin im Gefängnis auf die Hinrichtung. Das
Mädchen wird sich der von Faust angebotenen Flucht
verweigern.

Durch die einzige Valentin-Szene wird Gretchens Leid
weiter vertieft – und zwar in mehrfacher Hinsicht:

Gretchen ist ganz allein. Das Mädchen gerät endgültig
an den Rand der Gesellschaft; dort wartet die Isolation
ohne jeden Beistand durch andere Menschen. Folglich
wird es in seiner Halt- und Schutzlosigkeit einem uner-

träglichen sozialen Druck ausgesetzt, der es zum Kindsmord treiben wird.

Faust dagegen flieht vor der Verantwortung für die Bluttat, obwohl er Gretchens volle und aufrichtige Liebe egoistisch genossen hat.

Aufgabe 3: Kritische Erläuterung von Valentins Begriffsverständnis von „Ehre" (ergänzende Aussagen)
Die Umwelt – „die ganze Stadt" (V. 3739) – ist Valentin Ehre als ausschließlich äußere Wertschätzung schuldig.

Er glaubt nämlich von sich, gemäß den sozialen Normen „als Soldat und brav" (V. 3775) richtig zu leben. Folglich ist von ihm belästigendes, beleidigendes, abschätziges „Stichelreden, Naserümpfen" (V. 3640) nicht zu befürchten.

Darüber hinaus sieht er sich in der Rolle des verantwortungsvollen (Ersatz-)Vaters für die Schwester. Für Valentin sind Gretchens Bedürfnisse nicht wichtig. Der Bruder verurteilt die „noch nicht gescheit genung[e]" (V. 3727) Schwester, die ihre „Sachen schlecht" (V. 3728) macht. Umstände oder Beweggründe der handelnden Schwester oder mögliche Folgen aus deren Handlungen interessieren ihn nicht. **Valentin zeigt ein von außen bestimmtes und egoistisches Verständnis von Ehre.**

9.2 Analyse eines Sachtextes (mit Erörterung)

Schiller an Goethe, 23. Juni 1797
(in: Ulrich Gaier: Johann Wolfgang von Goethe, Faust. Band 2: Kommentare. Darmstadt 1999, S. 274)
Ihre Aufforderung an mich, Ihnen meine Erwartungen und Desideria mitzuteilen, ist nicht leicht zu erfüllen; aber so viel ich kann, will ich Ihren Faden aufzufinden suchen, und wenn auch das nicht geht, so will ich mir einbilden, als ob ich die
5 Fragmente von Faust zufällig fände und solche auszuführen hätte.

Desideria:
Wünsche

Fragmente:
Bruchstücke

So viel bemerke ich hier nur, dass der Faust, das Stück nämlich, bei aller seiner dichterischen Individualität, die Forderung an eine symbolische Bedeutsamkeit nicht ganz von sich
10 weisen kann, wie auch wahrscheinlich Ihre eigene Idee ist. Die
Duplizität der menschlichen Natur und das verunglückte Be-
streben, das Göttliche und Physische im Menschen zu vereini-
gen, verliert man nicht aus den Augen; und weil die Fabel in's
Grelle und Formlose geht und gehen muss, so will man nicht
15 bei dem Gegenstand stille stehen, sondern von ihm zu Ideen
geleitet werden.

Kurz, die Anforderungen an den Faust sind zugleich philosophisch und poetisch, und Sie mögen sich wenden, wie Sie
wollen, so wird Ihnen die Natur des Gegenstandes eine phi-
20 losophische Behandlung auflegen, und die Einbildungskraft
wird sich zum Dienst einer *Vernunftidee* bequemen müssen.

**Duplizität: zwei-
faches, doppeltes
Wesen**

**Fabel: hier Hand-
lungsgerüst**

**Ideen: Kern-
vorstellungen**

Aufgabenstellung

Ab Juni 1797 gibt Goethe Schillers Drängen nach Vollen-
dung des Faust nach. In Briefen besprechen die beiden
Freunde die noch zu bewältigende Arbeit.
1. Arbeiten Sie Schillers Hauptaussagen heraus.
2. Erklären Sie, was unter einer „Vernunftidee" (Z. 21) zu
   verstehen ist, die Schiller, der Theoretiker der Weimarer Klassik, anspricht.
3. Nehmen Sie kritisch Stellung zu der Frage, ob Goethe
   mit seinem Werk Faust I Schillers Erwartungen erfüllt
   hat.

Operatoren „Arbeiten Sie heraus", „Erklären Sie",
„Nehmen Sie kritisch Stellung"

Was wird erwartet? Wenn Sie die Aufgabe bearbeiten,
müssen Sie drei Voraussetzungen erfüllen:
1. Das Verständnis von Schillers Brief bereitet Ihnen keine
   Schwierigkeiten. Sie können mit dem Text Bezüge zu
   Goethes Drama herstellen.

2. Ihnen ist das Konzept der Weimarer Klassik bekannt, auf das Schiller sich bezieht.
3. Sie kennen die Schwierigkeiten, die es in Bezug auf die ‚Klassizität' von Goethes FAUST I gibt, und können diese auch entsprechend differenziert darstellen.

Mit der Abarbeitung der drei Aufgaben rollen Sie einen roten Faden ab, an dessen Ende Ihre persönliche Haltung deutlich werden soll.

Mindestanforderungen

Aufgabe 1: Schillers Hauptaussagen lassen sich nach den vier Abschnitten des Briefes formulieren.

- Abschnitt 1 (Z. 1–6): Schiller will entweder den Zusammenhang zwischen den einzelnen Handlungsteilen herstellen oder diese vollenden.
- Abschnitt 2 (Z. 7–10): Schiller vertritt die Auffassung, Goethe habe das FAUST-Drama als ein klassisches Drama konzipiert.
- Abschnitt 3 (Z. 10–16): Goethes FAUST behandelt das Ewige und Beschränkte in der Natur des Menschen. Auf Grund der Thematik kann die an sich unendliche Handlung eigentlich nur unter Mühen begrenzt werden.
- Abschnitt 4 (Z. 17–21): Die Aufgabe des Dichters besteht insbesondere darin, mithilfe der Fantasie die Handlung so zu gestalten, dass der Zuschauer die Themen versteht.

Aufgabe 2: Schillers „Vernunftidee" erklären
Schiller versteht unter der „Vernunftidee" (Z. 21) eine Vorstellung, die im denkenden Menschen entsteht, wenn er seine Vernunft gebraucht.

Insofern werden von Schiller Vorstellungen der Weimarer Klassik erinnert; z. B.

- der Gedanke an eine unumstößliche Ordnung,
- die Einbindung des Einzelnen in die Allgemeinheit,
- die Erziehbarkeit des Menschen zum Wahren, Guten und Schönen,
- die Ausbildung aller natürlichen Kräfte und Fähigkeiten wie
  - das Wirken von Gefühl und Verstand,
  - das Empfinden für Kunst und auch wissenschaftliches Denken,
  - der gelungene Ausgleich zwischen Neigung und Pflicht.

Aufgabe 3: Erfüllt Goethes FAUST I Schillers Erwartungen?
Insbesondere der „Prolog im Himmel" macht das Menschenbild der Klassik als Ideal deutlich.

Die von „dem Herrn" getroffenen positiven Aussagen über das Wesen des Menschen dienen als ‚Programm' für den weiteren Handlungsgang. Allerdings wird die Gretchenhandlung nicht einfach und leicht nachvollziehbar ablaufen. Das Schicksal der beiden Hauptfiguren zeigt beispielsweise, dass Humanität ein schwieriges oder sogar nicht erreichbares Ziel ist:

- Gretchen liebt Faust so radikal und so extrem, dass es gesetzte gesellschaftliche Grenzen überschreitet, untergeht und stirbt.
- Faust verbleibt in der einsamen Welt der kalten, vernünftigen Theorie. Humanität – gerade in der Liebe zu Gretchen – bleibt ihm fremd. Insofern kann Faust als Anti-Beispiel für die Ideale der Klassik dienen.

Darüber hinausgehende Erwartungen

Aufgabe 1: Schillers Hauptaussagen lassen sich noch genauer und ausführlicher erläutern.

Abschnitt 1 (Z.1–6): Schiller reagiert mit seinen Anregungen auf Goethes ausdrückliche Aufforderung hin. Er mustert und prüft das unfertige und dennoch anspruchsvolle Drama. Er sieht sich an Goethes Stelle.

Abschnitt 3 (Z.10–16): Die Natur des Menschen ist widersprüchlich. Genau diesen Widerspruch zeigt der tragisch endende Versuch der Faust-Figur; will er doch diesen Widerspruch in sich aufheben. Die Thematik ist fundamental, aber die Handlung kaum auf den wesentlichen Kern begrenzbar.

Abschnitt 4 (Z.17–21): Der Dramatiker muss sich dem sehr hohen Anspruch unterziehen, eine spektakuläre Handlung zu entwerfen, die sowohl unterhaltend als auch vernünftig ist. Das Verständnis des Publikums zeigt sich in Erkenntnis und Einsicht.

Aufgabe 2: Schillers „Vernunftidee" (Z.21) erklären (ergänzende Aussagen)
Die Vernunft wird zum erwarteten Mittel, um Handlungen in Gang zu setzen, durchzuführen und vollenden zu wollen.

Die Ordnung ist – in Anlehnung an die antike Vorstellung des göttlich behauchten Kosmos – der ganzen Menschheit vorgegeben.

Mit der Vernunft ist die Idee der Integration verknüpft; darüber hinaus auch die Haltung des pädagogischen Optimismus und der progressiven Humanität. Die menschlichen Kräfte und Fähigkeiten sollen ausgewogen ausgebildet werden. Im Menschen wirken Gefühl und Verstand gleichzeitig. Der Mensch kann theoretisch abstrahieren und gleichzeitig in einer konkreten Situation

entscheiden und handeln. Er kann gleichzeitig ,wollen'
und ,müssen'.

Aufgabe 3: Erfüllt Goethes FAUST I Schillers Erwartungen?
(ergänzende Aussagen)
Das im „Prolog" von „dem Herrn" ausgesprochene Programm determiniert (bestimmt) sowohl die Gelehrtenhandlung als auch die Gretchenhandlung.

Das Scheitern der Liebesbeziehung zwischen Faust und Gretchen ist nicht als konkrete Einlösung und als widerspruchsfreie Bestätigung des programmatischen Anspruchs zu deuten.

Humanität nach dem Idealkonzept der Weimarer Klassik ist und bleibt ein schwieriges oder sogar nicht erreichbares Ziel:

- Gretchen misslingt der Ausgleich zwischen Neigung und Pflicht; mag es auch am katastrophalen Ende der Handlung „von oben" (V. 4611) gerettet werden.
- Faust bleibt volle, d.h. gute und wahre Humanität fremd. In seiner Selbstbezogenheit ist er sich selbst genug.

Insgesamt ist und bleibt Goethes FAUST I ein Weltdrama mit einer fundamentalen, zeitlosen Thematik. Die Ideale der Weimarer Klassik indes sind skeptisch gebrochen, wenn nicht sogar gerade in Bezug auf die tatsächliche Begrenztheit des Menschen fragwürdig geworden.

9.3 Freie Erörterungsaufgabe zu Goethes FAUST I

Aufgabenstellung

Goethes Tragödie FAUST I ist für viele Jahrzehnte Pflicht-
lektüre eines jeden Gymnasiasten gewesen.
Erörtern Sie, ob dieses Drama auch heute noch eine verbindliche Lektüre im Deutschunterricht der gymnasialen
Oberstufe sein sollte.

Operatoren „Erörtern Sie"

Was wird erwartet? Die Aufgabe verlangt von Ihnen
eine freie Erörterung: einerseits eine besonders eigen-
ständige Leistung, denn es gibt keinen Text als Grund-
lage. Andererseits sind Ihrer Kreativität keine Grenzen
gesetzt.
Sie müssen ein Problem dialektisch erörtern, d. h. in einem ausführlichen Mittelteil Ihrer Arbeit zustimmende
und ablehnende Argumente zur gestellten Frage entwickeln, um dann eine eigene Stellung zu beziehen.
Vor und nach dem Mittelteil stehen Einleitung und
Schluss.
Die steigernd zu strukturierende Argumentation vollzieht sich im Dreischritt von Behauptung/These, Argu-
ment/Begründung (evtl. Beispiel) und Schluss (je nach
Bundesland und Unterricht unterschiedlich).

Mindestanforderungen

Folgende inhaltliche Vorüberlegungen bzw. Vorarbeiten
sollten Sie anstellen: Die Erörterung des Problems setzt
voraus, dass die in der Arbeitsanweisung genannten Begriffe geklärt werden: Lektüre, Deutschunterricht, gymna-
siale Oberstufe.

Insbesondere ist zu klären, welche **Ziele** einerseits mit
der Lektüre im Deutschunterricht im Allgemeinen, andererseits mit Goethes FAUST I im Besonderen erreicht

werden sollen und können. In diesem Zusammenhang müssen sowohl **die bildenden Ansprüche** des Gymnasiums als auch des Deutschunterrichts als auch von Goethes FAUST I – kritisch – behandelt werden.

Kritisch muss auch der **Blick auf „heute"** sein. Dies schließt (wenigstens in Ansätzen) eine Beschreibung der heutigen Gesellschaft ein, deren Bildungsbedürftigkeit ja unbestritten ist. Allerdings wird heftig und kontrovers diskutiert, ob und wie dem Mangel abgeholfen werden kann.

Die entscheidende **Leitfrage** lautet: Regt die Beschäftigung mit Goethes FAUST I zur kreativen Lösung von aktuellen und zukünftigen Herausforderungen an?

Sprache

Ihre Erörterung muss im Sachstil geschrieben sein:

- Leittempus ist das Präsens, Leitmodus der Indikativ.
- Sachlichkeit sollten Sie durch die Verwendung des distanzierenden Passivs erzeugen.
- Die einzelnen Argumentationsschritte – Behauptung/These, Argument/Begründung (evtl. Beispiel) und Schluss – sollten Sie durch entsprechende Konjunktionen (z.B. „denn", „so", „allerdings") klar anzeigen.

Form

Die Übersichtlichkeit wird durch möglichst viele Absätze hergestellt; dazu folgende Faustregeln:

- einen Gedanken in einen einzigen Satz fassen,
- ein Argumentationsblock umfasst einen Absatz,
- Einleitung, Mittelteil und Schluss deutlich voneinander trennen – jeweils durch eine Leerzeile.

Darüber hinausgehende Erwartungen

Inhalt

Ihre Arbeit sollte deutlich und nachvollziehbar ein kritisches Bewusstsein in Bezug auf den entscheidenden Zentralbegriff **Bildung** zeigen. Im Gymnasium behandelte Literatur – wie zum Beispiel Goethes Faust I – kann nur *ein* Weg unter anderen möglichen Wegen sein. Literarische Texte sollten aber behandelt werden, denn in ihnen werden fundamentale Probleme thematisiert, die immer alle Menschen betreffen.

Überzeugend wirkt Ihre Arbeit dann, wenn Sie treffende Belege aus dem Faust-Text nehmen und in Ihren Argumentationskontext einpassen.

Argumentative Souveränität wird erzeugt, wenn Sie sowohl ,deduktiv' als auch ,induktiv' erörtern.

Interesse und Aufmerksamkeit entstehen beim Leser, wenn Sie – je nach Dringlichkeit und Wichtigkeit der Behauptung(en) – variabel in Bezug auf Begründungen und Belege verfahren.

deduktiv:
1. Behauptung/ These
2. Argument/ Begründung
3. Beleg/Beweis

induktiv:
1. Beleg/Beweis
2. Argument/ Begründung
3. Behauptung/ These

Sprache

Der rote Faden Ihrer Argumentation wird sichtbar und zieht sich vom ersten Satz der Einleitung bis zum letzten Satz im Schluss.

Alle Sätze sind formallogisch miteinander verbunden. Parataktische Satzketten und hypotaktische Perioden wechseln ab. Neben relativischen Gliedsätzen werden konditionale („wenn" – „falls" – „gesetzt den Fall, dass") , kausale („weil" – „da") und konsekutive („sodass" – „mit der Folge, dass") Gefüge gebraucht.

Treffende Attribute – in Form von Adjektiven und Adverbien – verdichten die argumentative Kraft Ihrer Aussagen.

9.4 Kreative Aufgabe

Arbeitsanweisung
Schreiben Sie Gretchens Abschiedsbrief an Lieschen.

Operatoren „Schreiben Sie"

Was wird erwartet? Sie müssen sich in die Figur des Gretchen versetzen können. Das Mädchen wartet nach der Verurteilung wegen Tötung des eigenen Kindes im Gefängnis auf die Hinrichtung.
Gretchen wird nicht mehr lange leben. Vor dem inneren Auge lässt das Mädchen nochmals das eigene kurze Leben, insbesondere die Beziehung mit Heinrich Faust, ablaufen. Wichtig ist, dass Sie aus Gretchens Sicht Vergangenes, Gegenwärtiges und Zukünftiges unterscheiden können.
Im Brieftext sollte Gretchens Sprachniveau verwendet werden. Denkbar sind auch Zitate aus FAUST I.
Formal ist Gretchens Brief in Einleitung, Hauptteil und Schluss zu gliedern.

Mindestanforderungen
Inhaltliches
Der Abschiedsbrief Gretchens sollte die Ankündigung enthalten, im Angesicht des Todes klare Rechenschaft abzulegen.

Vor seiner Freundin Lieschen würde Gretchen das eigene Handeln rechtfertigen. Für den geliebten Mann ist Gretchen bereit gewesen, alles aufzugeben und alles auf sich zu nehmen.

Wer oder was genau hat Gretchen zur Tötung des eigenen Kindes bewegt?

Vielleicht rechtfertigt Gretchen die Kindstötung damit, dass genau nur so das eigene Leben hat beendet werden können – nämlich durch die Kraft der Gesetze und deren Durchsetzung.

Denkbar ist auch, dass Gretchen dem Liebhaber Faust die feige und egoistische Flucht vor der Verantwortung für sich selbst, für Gretchen und für das gemeinsame Kind vorwirft: Die Flucht hätte für Gretchen den sicheren Tod nachgezogen.

Abschließend kann Gretchen Vorstellungen darüber entwickeln, wie nach den Ansichten einer jungen Frau wirkliche Liebe gelebt werden kann.

In jedem Fall wird Gretchen, obwohl es wahnsinnig ist, die eigene Schuld eingestehen und voll bekennen: ‚Ja, ich habe mein Kind getötet.‘

Hinweise zur Sprache
Gretchen ist ein einfaches Mädchen, ohne weitere Bildung, ein „arm unwissend Kind" (V. 3215), das Umgangssprache benutzt. Insofern soll der Brief kurze Haupt- und viele Ausrufungssätze, aber wenige hypotaktische Adverbialsätze enthalten.

Das Subjekt soll häufig in der ersten Person – ‚ich' – stehen; die entsprechenden Pronomina – mein; mir, mich – sollen häufig verwendet werden. Gretchen schreibt so, wie es spricht.

Form
Der Brief muss Anrede- und Schlussformel enthalten; darüber hinaus noch viele Absätze, die inhaltlich nicht verbunden sein müssen.

Die Gesamtlänge des Briefes ist variabel

Darüber hinausgehende Erwartungen
Inhaltliches (ergänzende Aussagen)
Gretchen steht nach der Verurteilung wegen eines Kapitalverbrechens der Tod bevor. Das Mädchen wird versuchen,

brieflich auszuführen, dass es sein Leben – insgesamt und abschließend – richtig und gut gelebt hat. Die Tötung des Kindes und der eigene Tod sind aus dem Lebenszusammenhang erklärbar.

Das eigene Handeln ist mit dem Beweggrund der reinen und unbedingten Liebe zu Faust rechtfertigen. Gretchen hat alles – insbesondere die Geborgenheit und Sicherheit der eigenen Familie (Mutter, Bruder) – aufgegeben, andererseits alles – Einsamkeit, Isolierung, Ächtung – auf sich genommen.

Vielleicht führt Gretchen auch aus, es habe aus Liebe zu Faust das Kind getötet, damit dieses der Liebe nicht im Wege stehe. Nur mit der gesellschaftlich sanktionierten Kindstötung hat das eigene, sinn- und lieblos gewordene, folglich für sich selbst nicht mehr zu ertragende Leben beendet werden können – nämlich durch die Kraft der Gesetze und deren Durchsetzung.

Das Mädchen hat allein für Faust die vertraute Welt aufgegeben, ist aber daraus ausgestoßen worden. In einer anderen Welt wird Gretchen keinen Platz finden und haben können.

Vielleicht fordert Gretchen Lieschen auf, in Zukunft mehr Solidarität mit bekannten Frauen oder Freundinnen, die in eine gleiche oder ähnliche Situation geraten sind, zu zeigen und zu üben.

Trotz des verabscheuungswürdigen Verbrechens hofft Gretchen aus dem Glauben auf einen gnädigen Gott. Gretchen bittet Lieschen um Erinnerung und Gebet.

Weitere Hinweise zur Sprache
Gretchens Sprache ist eine unkomplizierte, offene, freundliche und herzliche Umgangssprache. Entscheidende Signal- und Schlüsselwörter sollten oft wiederholt werden.

Tempora und Modi sollten nicht immer nach den

strengen formalen Regeln der Grammatik gebraucht werden. Bilder, Vergleiche und Metaphern können einerseits der Bibel, andererseits der volkstümlichen Literatur (Märchen, Lieder) entnommen werden.

Weitere Formelemente
Gretchen – nun junge, leidgeprüfte Frau, nicht mehr naives Mädchen – unterschreibt den Brief.

10 Tipps zum Weiterlesen

Bücher
Goethe – Leben und Werk

Conrady, Karl Otto: Goethe. Leben und Werk.
Düsseldorf, Zürich: Artemis & Winkler 1994
Eine große und leicht lesbare Biografie über Goethe aus
der Feder eines der bekanntesten deutschen Germanisten,
der sich mit Erfolg um inhaltliche Vollständigkeit und
sprachliche Verständlichkeit bemüht.

Bedürftig, Friedemann; Kirsch, Christoph:
Goethe. Die Comic-Biographie.
Stuttgart: Egmont Ehapa Verlag, 4. Aufl. 1999
Goethes Leben und Werk wird als witziger Comic Strip
erzählt. Das bibliophil ansprechende Buch in zwei Bänden
macht den Leser mit einem der bedeutendsten Dichter
der deutschen Literaturgeschichte vertraut.

Erschließung von FAUST I

Borchmeyer, Dieter:
Weimarer Klassik. Portrait einer Epoche.
Weinheim: Beltz Athenäum 1994, S. 544–576
Goethes FAUST wird in den kulturellen Rahmen der wichtigsten deutschen literarischen Epoche gestellt. So entsteht
eine literarhistorische Skizze, in der das Drama einen be-
rechtigten Platz hat.

Keller, Werner:
Interpretation. Johann Wolfgang Goethe: Faust.
Eine Tragödie. Stuttgart 2001
Keller deutet – konzentriert auf die wesentlichen Dinge –
das Drama und bietet so einen knappen, motivierenden
Einstieg in die Beschäftigung mit dem Text.

Schmidt, Jochen:
Goethes Faust. Erster und Zweiter Teil. Grundlagen,
Werk, Wirkung. München 1999
Das Buch behandelt einzelne Szenen ausführlich.

Sudau, Ralf:
Johann Wolfgang Goethe. FAUST I und Faust II.
Oldenbourg Interpretation, Band 64.
München: 2. Aufl.1998, Nachdruck 2007
Der Band nimmt sowohl tiefe Quer- als auch Längsschnitte vor. Er fasst die wichtigste Forschungsliteratur zusammen und liefert damit wertvolle Schlüssel zum Verständnis des Textes. Als Ergänzung zu diesem Textnavigator geeignet.

Kommentare

Gaier, Ulrich: Johann Wolfgang Goethe. Faust.
Der Tragödie Erster Teil. Stuttgart 2001
Ein knapp und informativ formulierendes Standardwerk zur Erschließung des mitunter schwierigen Wortlautes.

Schöne, Albrecht:
Johann Wolfgang von Goethe. Faust.
Band 2: Kommentare. Darmstadt 1999
Ein großer wissenschaftlicher Kommentar, z.T. etwas kompliziert zu lesen, aber mit vielen ausführlichen und erschöpfenden Erklärungen zu allem, was für das Verständnis von Goethes Faust-Dichtung wichtig ist.

Internet

http://www.3b-infotainment.de/unterricht/dlink2.htm
Unter dem Link (Stand Juni 2008) findet man ziemlich
vollständig alle wesentlichen Materialien und Informationen zu Goethes größtem und berühmtestem Drama.

Filme (zu beziehen z. B. über amazon.de oder
www.jpc.de)

Faust – Vom Himmel durch die Welt zur Hölle.
Regie: Dieter Dorn. Mit: Helmut Griem, Romuald Pekny,
Sunnyi Melles, Cornelia Froboess. 1987
Berühmte Theateraufführung aus den „Münchner Kammerspielen"

Faust. Von und mit Gustaf Gründgens.
Hamburger Schauspielhaus 1960
Die ‚klassische' Faust-Verfilmung mit Gustaf Gründgens
als Mephisto und Will Quadflieg als Faust nach der Theaterinszenierung des Hamburger Thalia Theaters

11 Glossar

Drama

Ein in Szenen aufgeteilter Text ist zur Aufführung vor Zuschauern und Zuhörern bestimmt.

Schauspieler als erfundene Figuren mit schriftlich fixierten Rollen sprechen in Rede und Gegenrede, manchmal allein, doch in der Regel niemals durcheinander. Sie führen Handlungen aus, die Spannung erzeugen.

Im Mittelpunkt des Geschehens steht ein Konflikt.

Erdgeist

Der Erdgeist gehört – kulturhistorisch – zu den Naturgeistern. Ein solcher Geist ist eine Wesenheit, ein Geistwesen, das die gesamte Natur umfasst und durchwaltet.

Goethe hat seinen „Naturgeist" erfunden. Er erscheint im Urelement *Erde* (griechisch *gaia*, lateinisch *terra*): Sie bringt Ordnung und Fülle und beinhaltet Wahrheit und Schaffenskraft.

Erkenntnis

Erkenntnis ist ein philosophischer Grundbegriff; aber er ist nicht allgemeingültig definiert. Er bezeichnet

- das Ergebnis (das erkannte Ding, die erkannte Sache),
- Beginn, Vorgang und Abschluss (die Handlung) des Erkennens.

Erkenntnis drückt immer die Beziehung zwischen einem erkennenden Subjekt und einem erkannten Objekt aus.

In Bezug auf die widerspruchsfreie Wahrheit kommt der Erkenntnis eine sehr hohe Sicherheit zu.

Sie versucht nämlich, ihre Aussagen mithilfe der Vernunft objektiv, methodisch und rational zu erhärten.

Erkenntnis ist nicht (ausschließlich) Wissen. Denn Erkenntnis meint auch Einsicht in die Wichtigkeit und Bedeutung einer Sache.

Eine Erkenntnis ist sicher, wenn sie bewiesen wird und immer beweisbar bleibt.

Die Gesichtspunkte von Erkenntnis im Überblick:

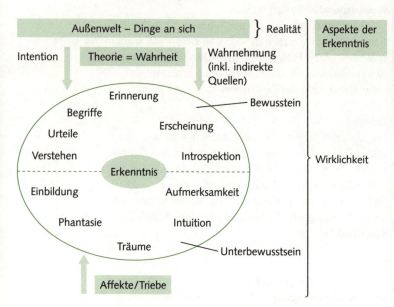

Faust-Stoff

Der Faust-Stoff gehört seit dem 16. Jahrhundert zu den großen und bekannten Stoffen der europäischen Literatur.

Mit dem Gelehrten Johann/Heinrich Faust, der historisch belegt ist und tatsächlich gelehrt und gewirkt hat, werden literarisch andere Figuren, die aus Antike und Neuzeit bereits populär sind, verwoben:

- Prometheus: der mit Göttern konkurrierende Mensch,

- Pygmalion: der sein Kunstwerk zum Leben
  erweckende Künstler,
- Don Juan: der überhebliche Frauenheld,
- Dottore (Commedia
  dell'Arte): der gelehrte Vielschwätzer.

Für Goethes Faust-Figur typisch und entscheidend ist die Sehnsucht nach Erkenntnis.

Goethe schafft eine Figur der späten Renaissance, die spätestens seit der HISTORIA VON D. JOHANN FAUSTEN (1587) eine schauderhafte und zugleich faszinierende Person in vielen deutschen Puppenspielen und Prosatexten ist.

schauderhaft: Zauberbücher,
  Beschwörungen von guten und
  schädlichen Geistern,
  Auffindung von geheimen Schätzen,
  Verbindung mit den Kräften der Hölle;

faszinierend: Wunder,
  Umgang mit magischen Geheimlehren,
  Beherrschung von kosmischen Kräften in
  der Welt und im Menschen,
  „naturwissenschaftliche" und praxis-
  orientierte Experimente.

Genuss

Der Begriff „Genuss" ist ein fundamentaler Zentralbegriff in Goethes FAUST I. „Genuss" hat eine umfassendere Bedeutung als heute. Um das Drama richtig zu verstehen, ist zu berücksichtigen, dass das semantische Spektrum „vom ‚Genuss Gottes' über den ‚Seelen-Genuss' bis zum ‚Kunst-Genuss' und zum ‚Sinnen-Genuss'" (Jochen Schmidt) reicht.

Besonders intensiv ist „Genuss" in seiner religiösen Dimension. Höchster Genuss liegt sowohl im Empfindungsumfang als auch in der Empfindungsintensität. Faust strebt nach Genuss – er will sowohl Besitz mit aller Sinnlichkeit als auch seelische Teilnahme. Mephisto dagegen versteht unter Genuss das lediglich oberflächliche sinnliche Leben.

Harmonie

Mit dem griechischen Begriff ist die vereinigende Zusammenfügung von entgegengesetzten Teilen zu einem gelungenen Ganzen gemeint. Der Begriff ‚Harmonie' wird dann verwendet, wenn die Teile sowohl regelmäßig als auch sinnvoll angeordnet sind.

Der Weimarer Klassiker Goethe orientiert sich in seinem Verständnis von Harmonie an den Vorstellungen von Gottfried Wilhelm Leibniz (1646 – 1716). Dieser deutsche Philosoph lehrte die *universelle* Harmonie: Die Welt mit allen Teilen fußt auf Gesetzen, die zusammen von Anfang an stabil sind und bleiben (‚prästabilierte Harmonie').

Klassik

Leitidee ist der Gedanke an eine unumstößliche Ordnung, die der ganzen Menschheit vorgegeben ist. Der Einzelne ist in die Allgemeinheit eingebunden. Prinzipiell ist der Mensch zum Wahren, Guten und Schönen erziehbar. Der Mensch ist aufgerufen, alle natürlichen Kräfte und Fähigkeiten ausgewogen und angemessen auszubilden. Gleichzeitig wirken im Menschen Gefühl und Verstand. Er empfindet Kunst und denkt wissenschaftlich, kann theoretisch abstrahieren und gleichzeitig in konkreten Situationen entscheiden und handeln. Dem Menschen gelingt der Ausgleich zwischen Neigung und Pflicht, zwischen Wollen und Müssen.

Mephisto

Die – griechische oder hebräische – Herkunft des Namens ist nicht geklärt. „Mephistophelis" erscheint in den Faustbüchern, Wanderbühnen- und Puppenspielstücken. Denkbare, aber nicht gesicherte Bedeutungen könnten sein „der das Licht nicht liebt" oder „Zerstörer/Verderber des Guten" oder sogar „der den Gestank liebt".

Der berühmteste Darsteller der Figur des Mephistos: Gustaf Gründgens

Goethe selbst kümmert sich nicht um Mephistos Herkunft oder um seine Stellung in der teuflischen Rangordnung. In Goethes FAUST I hat Mephisto das unmittelbar Teuflische verloren; er „wird damit verfügbar für ein freies Spiel der Bedeutungen und Rollen, die er selbst sich zuschreibt, oder in denen die anderen ihn wahrnehmen" (Albrecht Schöne).

Mephisto formuliert durchgehend zunächst – argumentativ durchaus nachvollziehbare – Aussagen nach dem fundamental ethischen Wert- und Urteilskategorien „gut" und „böse", um diese dann der ethischen Dimension zu entschlagen. Damit ist Mephisto nicht einfach „das Böse" im direkten Gegensatz zu „dem Guten" zu bewerten. Vielmehr steht er in einem komplexen dynamisch-generativen Kontext aus verschiedenen Situationen, sodass der klassische Dualismus von „Gut" und „Böse" aufgehoben ist.

Satire

Eine literarische Satire (abgeleitet vom lateinischen Ausdruck *satura lanx*: „mit Früchten gefüllte Schale"; mit übertragener Bedeutung: „bunt gemischtes Allerlei") ist eine *Spottdichtung*.

In ihr werden entweder – individualperspektivisch – moralisch mangelhaftes Verhalten oder – allgemein – gesellschaftliche Missstände angeklagt.

Die Satire
- bedient sich häufig der Übertreibung,
- kontrastiert in extremer Ausprägung Widersprüche und Wertvorstellungen,
- verzerrt Sachverhalte durch deren spöttische Vergleichung mit einem Idealzustand und
- gibt den Gegenstand des satirischen Angriffs der Lächerlichkeit preis.

Zu den typischen Mitteln satirischer Gestaltung gehören Parodie, Travestie und Persiflage. Typisch satirische Töne sind Ironie, Spott und Sarkasmus.

Verantwortung

Verantwortung ist eine ethische Erscheinung: Trägt ein Mensch Verantwortung, so ist er zur Rechenschaft verpflichtet, d.h. er haftet dafür, dass er Fehler begangen oder Aufgaben nachlässig erledigt hat.

Die Verantwortung von Menschen besteht in unterschiedlichen Beziehungen:
- Eine Person ist zuständig für übernommene Aufgaben, für das eigene Tun und Lassen oder für individuelle charakterliche Eigenschaften.
- Eine Instanz (z.B. Gericht, Mitmensch, Gewissen, Gott) fordert Rechenschaft.
- Verantwortung wird gefordert, indem bestimmte Kriterien als verbindliche Maßstäbe angewendet werden.

Ein Mensch handelt richtig und gut (sittlich), wenn er Verantwortung übernimmt. Denn so erkennt er sich selbst als verantwortlich für Mitmenschen, für die (Um-) Welt und für sich und zeigt entsprechendes Engagement.

Durch engagierte Verantwortung kann der Mensch Lebensverhältnisse positiv verändern.

Wette

Eine Wette ist ein Vertrag zwischen zwei (oder noch mehr) Vertragspartnern. In ihm ist ein Gewinn für denjenigen Partner vereinbart, dessen Behauptung sich als richtig herausstellt.

Eine Wette setzt voraus, dass die Vertragspartner Behauptungen vertreten, die sich widersprechen.

Eine solche Wette bezieht sich häufig darauf, dass behauptet wird, ein bestimmtes Ereignis treffe ein, obwohl der Ausgang des Ereignisses vorher unbekannt ist.

12 Anhang

Benutzte Literatur

Gaier, Ulrich: Johann Wolfgang Goethe, FAUST.
Der Tragödie Erster Teil. Stuttgart 2001.

Schmidt, Jochen: Goethes FAUST. Erster und Zweiter Teil.
Grundlagen, Werk, Wirkung. München 1999

Schöne, Albrecht: Johann Wolfgang von Goethe, FAUST. Band 2:
Kommentare. Darmstadt 1999

Sudau, Ralf: Johann Wolfgang Goethe. FAUST I und FAUST II.
Oldenbourg Interpretation, Band 64.
München: 2. Aufl.1998, Nachdruck 2007

Bildquellenverzeichnis

Seite 7: akg-images
Seite 9: ullstein bild/Granger Collection
Seite 11: picture-alliance/KPA
Seite 18: akg-images
Seite 20: akg-images
Seite 34/35: akg-images
Seite 37: ullstein bild
Seite 44: Goethezeitportal, München
Seite 89: ullstein bild/KPA